KB072598

하버드 오후 4시 반

당신의 성장은
계속되어야 한다

하버드 오후 4시 반

양윤정, 이승우 지음

더퀘스트

추천의 글

하버드의 세계적인 명성과 지위는 보통 정량적인 지표에 의존합니다. 기부금의 규모, 입학 경쟁률, 교수진의 학술적 성과, 연구지원금, 수상내역 등이 이에 해당됩니다. 그러나 우리 학생 양윤정과 그녀의 남편 이승우가 사려깊게 전달한 바와 같이, 하버드의 진정한 강점은 정량적으로 측정할 수 없는 경험적이고 사회적인 것들에서 나옵니다.

그러한 강점은 복잡한 기술적·정치적·윤리적 이슈들과 씨름하는 데 학생들이 오랜 시간을 쏟고, 세계가 당면한 문제와 개개인의 가치를 직업적인 목표와 결합시키는 방법을 찾아내는 데서 생겨납니다. 또한 넓은 범위의 사람들과 만나는 경험과 전 세계의 다양한 관점을 가진 사람들과 조우하는 것에서 비롯됩니다. 이러한 경험들로부터 하버드 학생들은 보다 목적지향적이고 균형잡힌, 동시에 포용적인 삶을 사는 방법을 배웁니다.

하버드가 배출하는 최고의 학생은, 그들이 누린 최고의 특권이 '개인의 지성과 근면의 산물'이 아니라 '다른 사람들—알거나 혹은 알지 못하는 사람들—에 의해 소중한 선물들을 받았다는 사실'이었다는 것을 졸업할 때 깨달은 학생입니다. 나아가 이들은 이러한 깨달음을 명예롭게 여기고, 남은 일생동안 미래를 위해 기여하며 살게 됩니다. 우리 모두 오후 4시 반에 만납시다!

— 마이클 울콕Michael Woolcock (하버드 케네디스쿨 교수, 세계은행 수석연구위원)

너무도 빈번하게, 우리가 진실이라고 믿는 것들과 고정관념들은 우리가 통과할 수 있는 문을 두드리지도 못하게 합니다. 하버드 케네디스쿨 입학처장으로서 저의 업무 중 하나는 학교에 지원하도록 사람들의 '마음속 장벽'을 허무는 것이었습니다. 문을 두드리고 열어본 사람들의 이야기는 다른 이들에게 영감을 주는데, 이 책의 이야기가 바로 그러한 역할을 합니다. 이 책은 호기심 많고 행동지향적인 사람들에게 훌륭한 자원이 되어줄 것입니다.

— 매튜 클레먼스Matthew Clemons (듀크대 푸쿠아 경영대학원 입학처 부학장 / 전 하버드 케네디스쿨 입학처장)

양윤정은 도전을 즐기며 삶에 대한 긍정적인 태도를 견지하는 인물로, 나에게 깊은 인상을 남긴 하버드 졸업생이다. 그녀의 책은 영감을 주는 이야기들로 가득하며, 잠재력을 최대한 발휘하고 싶은 사람들에게 환상적인 자원이 되어줄 것이다.

— 데이비드 프랭클린David Franklin (JP모건 상무, 《Invisible Learning》 저자)

윤정은 내가 하버드에서 만난, 가장 의지가 강하고 가장 열심히 노력하고 가장 똑똑한 학생 중 한 명이다. 그녀는 다양한 수업을 듣고, 여러 명사들의 강연과 발표에 참석하고, 하버드 커뮤니티의 일원으로서 헌신하며 하버드에서의 시간을 가치있게 일궈나갔다. 승우는 정식 학생은 아니었지만 하버드 커뮤니티의 중요한 일원이었다. 국제 관계와 리더십 수업을 청강하면서 어찌나 열심히 생활했는지 다들 그가 하버드 학생인 줄 알았을 정도였다! 그는 종종 나에게 스티븐 월트의 '국제 관계에서의 현실주의' 수업 노트를 빌려달라고 부탁했는데, 그 주제를 제대로 이해하고 하버드 학생들보다도 더 많은 통찰을 이끌어냈다.

윤정과 승우는 그들이 자랑스러워하는 한국의 문화를 우리에게 소개해주기도 했다. 이들이 기획한 코리아 트렉은 매우 큰 인기를 끌었고, 여기에 참여했던 나도 덕분에 한국을 가까이에서 생생히 경험하며 한국 음식과 음악, 문학, 영화 등을 깊이 있게 알게되었다. 봄방학 기간 중 한국에서의 추억은 나에게 하버드에서 보낸 기간 중 가장 반짝이는 기억으로 남아 있다. 윤정과 승우는 서로를 응원하고 헌신적으로 지지해주는 보기 드문 커플이다. 그들은 개인 각각으로도, 파트너로서도 하버드 동기들의 롤모델이다.

— 웃카시 삭세나Utkarsh Saxena (월드뱅크 이코노미스트)

이 책은 아이비리그 대학에 어떻게 합격하고 성적을 잘 받을 수 있는지를 논하는 상투적인 책이 아니다. 시중에 나와있는 전형적인 성공스토리를 담은 책도 아니다. 이 책은 독자들이 저자의 손을 잡고 하버드의 교정을 (특히 수업이 끝난 오후 4시 반이 지난 시간에) 같이 거니는 것처럼 생생한 여정을 함께하도록 한다. 창의적이고 통찰력 넘치는, 영감을 주는 이야기들로 살아숨쉬는 이 책은 세상에 긍정적 변화를 가져오기 위해 개인이 갖춰야 할 관리능력, 회복탄력성, 그리고 열정에 대한 독창적 접근법을 보여준다.

이 책을 읽는 모든 독자들이 자신의 삶을 변화시키는 소중한 깨달음을 최소 하나씩은 얻어가리라 장담한다. 유명한 수업에서부터 캠퍼스에서의 일상생활에 이르기까지 하버드의 면면을 담은 책이다. 한마디로, 자신의 삶을 충만하게 살아가기 위한 마음가짐을 갖추기 위해 꼭 필요한 책이다.

— 칼리가쉬 주누소바 Karlygash Zhunussova (IMF 프로젝트 매니저)

하버드 졸업생이라면 누구나 '내가 썼어야 한다'고 탐낼만한 책! 매 순간 쉼 없는 도전과 열정으로 살아온 저자들은, 호기심 가득한 눈으로 찾아낸 하버드의 교훈들을 책에 친절하게 담아냈다. 예리한 통찰력과 재치가 반짝이는 이 책을 통해 우편번호 02138로 기억되는 매사추세츠주 케임브리지(하버드 대학교 소재지역)에서 일어나는 일을 엿볼 수 있다. 하버드에서 어떤 일들이 일어나는지 궁금한가? 그렇다면 당신에게 이 책을 적극 추천한다.

— 오다예 Dayea Oh (하버드 케네디스쿨 박사, 페퍼다인대학교 정책학과 교수)

하버드에 대한 이야기는 이미 셀 수 없이 많다. 모두가 죽어라 공부만 하다 졸업하는 건 아닌데 유난히 공부벌레 얘기가 많은 것 같다. 우리 벌레야?

사실 하버드가 특별할 수 있는 것은 4시 반 이후에 겪은 것, 만난 사람 때문이 아닐까? 윤정과 승우의 책이 그래서 반갑다. 윤정 한 명 등록금으로 승우까지 캠퍼스 생활을 누렸으니 충분히 알찬 학창 시절 같은데, 둘은 기어이 4시 반 이후의 경험을 모두에게 전해주려는 것 같다.

'세계 최고의 인재들'이라는 표현에 위압감 느낄 필요가 없는 이유가 이 책에 있다. 좌충우돌을 마다하지 않고 꿈을 향해 한걸음씩 뚜벅뚜벅 걷고 있는 윤정과 승우, 그리고 이 책에 등장하는 클래스메이트를 만나면 얼마든지 소박한 하버드 캠퍼스의 친근함을 느끼게 될 것이다.

— 백창현 Changhyun Baek (벤처캐피탈리스트, 전 구글러)

《하버드 오후 4시 반》은 하버드 케네디스쿨의 가장 큰 자산인 '사람'에 대한 훌륭한 스케치다. 특히 오후 4시 반 이후, 때로는 와인 한 잔과 함께 만나는 인물들과 그들의 이야기들을 다룬다. 이 책은 한국의 학생들과 젊은 프로페셔널들이 지향하는 '알찬 삶'에 대해 신선하고 납득할 만한 시각을 제공한다.

자신을 내려놓고 열린 마음으로 성취의 끝판왕들에게 배움을 얻으러 나선 두 사람이 여기 있다. 이들의 예리한 시선으로 하버드의 면면을 관찰하고 배움을 얻고자 한다면, 이 책은 당신을 위한 것이다.

윤정과 승우, 당신들의 통찰을 세상에 아낌없이 나눠주어 고마워요.

— 채경라 Kyungla Chae (아마존 AWS 시니어 프로그램 매니저)

모든 것에 감사하며

**만약에 기록해 두지 않는다면 다음 날 아침에는 10가지 가운데
하나도 기억나지 않을 것이다. 미래를 위해 기록하라.**

– 리처드 브랜슨(버진그룹 창업자)

꿈 같던 하버드 케네디스쿨에서의 유학을 마치고 나는 한
국에서의 일상으로 빠르게 녹아들었다. 직장으로 다시 복귀한
나에게 선후배님들은 어떤 것을 배우고 느꼈는지, 생활은 어땠
는지에 대해 많이 물어보셨다. 그중에는 '하버드 학생들은 정말
특출난지'에 대한 질문도 있었다. 내가 경험했던 것들을 토대로
말씀드리곤 했지만, 무언가 잘 정리된 답변을 드리지 못해 아쉬
웠던 적이 많았다.

일 년간 나와 캠퍼스에서 같이 지낸 남편 역시 '내조하는
남자의 삶은 어땠는지'에 대한 질문을 받았을 때마다 두서없이
답변했던 적이 많았다고 했다. 특별한 경험을 한 만큼 재미있게

이야기해주고 싶었지만 때로는 기억이 희미해져 제대로 답하지 못했다고도 했다.

그래서 우리 부부는, 하버드 캠퍼스에서 복작복작 생활하면서 만난 뛰어난 사람들로부터 배운 것들을 정리해보기로 했다. 하버드생으로서 2년간 생활한 나, 그리고 나를 따라 미국에와 전업주부로 산 남편이 관찰한 것들은 서로 겹치는 부분도, 달라서 신기한 부분도 있었다. "하버드에 대해 궁금한 사람들이, 특히 '갓생'을 살고자 의지가 불타오르는 젊은 사람들이 이런 걸 알면 좋을 텐데"라고 생각한 적이 많아 책을 쓰기로 결심하였고, 나와 남편이 느꼈던 것들을 최대한 구체적으로 담아냈다.

하버드에서의 첫 일 년은 정말 숨가쁘게 지나갔다. 한글로 접해도 어려울 내용을 영어로 공부하고, 토론에 발표까지 하려니 만만치 않아 치열하게 공부했던 기억이 생생하다. 그렇게 두 학기를 보내고 난 뒤, 남편이 미국으로 날아왔다. 남편이 온 이후로는 남편에게 다양한 경험의 기회를 제공해주기 위해 하버드의 친구들도 소개해주고 캠퍼스 안팎의 다양한 곳을 누볐다. 남편과 함께 보낸 두 학기 동안에는 오후 시간을 조금 더 여유롭게 썼는데, 공부와 숙제로 점철된 일 년 차 때보다 오히려 더 많은 것을 느끼고 깨달았다.

그 이유는 '사람'에 있었다. 하버드 학생들은 도대체 어떤 사람들인지 궁금해하던 호기심 많은 남편 덕분에 친구들의 생활, 태도, 생각을 더 많이 알게 되었고, 교류의 깊이가 깊어질수록 변화하고 있는 나를 발견할 수 있었다. 우리는 하버드생들과 함께한 성장의 과정에서 내가 만난 멋진 사람들로부터 배울 만한 것들을 추려냈다.

이 책은 크게 네 부분으로 구성되어 있다.

〈PART 1. 하버드로 향하다〉에는 내가 유학을 가게 된 계기와 준비과정, 그리고 남편이 전업주부로 변신하게 된 이야기를 담았다. 〈PART 2. 꿈에 가까워지기 위한 하버드의 필수 기본기〉에서는 하버드 학생들이 원하는 것을 이루는 데 가장 중요한 요소라고 우리 부부가 생각한 공통점을 짚어냈다. 도전 정신과 창의적 통찰력, 실행력에 대해 다루고, 내가 감명 깊게 읽은 책《그릿》과《회복탄력성》의 실제라고 할 수 있는 하버드 친구들의 사례도 소개한다.

〈PART 3. 최고의 인재들이 놓치지 않는 4가지〉에서는 하버드 학생들의 좋은 습관들을 조명했다. 멘탈리티, 인간관계, 시간, 그리고 커리어를 어떻게 관리하는지에 대해 상세히 다루었다. 〈PART 4. 전업주부 남편이 만난 하버드〉에서는 하버드 학생들이 오후 시간을 쓰는 다양한 모습들과, 흥미롭게 들었던 그들의 돈 관리법을 적었다. 그리고 '남자 전업주부'라는 독특한 시선에서 깨달은 것들을 담았다.

우리 부부는 하버드에서의 경험을 다양한 관점에서 회고하던 중, '하버드 오후 4시 반'이라는 제목을 이 책의 제목으로 정하였다. 이유는 세 가지다.

첫째, '다양성'을 강조하고 싶었다. 많은 자기계발서가 아침을 일찍 시작하라는 단일의 성공 방정식을 제시한다. 그중에는 내가 인상 깊게 읽은 《하버드 새벽 4시 반》이라는 책도 있다. 하지만 하버드에서 내가 직접 만난 우수한 인재들은 자신만의 리듬에 맞는 생활 패턴과 성공방정식을 갖고 있었다. 이를 함축하기 위해, 일률적으로 '혼자서 치열하게 자신을 갈아 넣는 새벽'보다는 '각양각색으로 시간을 활용하는 오후'를 강조하는 제목을 붙였다.

둘째, '강의실 밖의 배움'을 강조하기 위해서다. 세계적 석학들의 명강의 못지않게, 나는 친구들로부터 많은 것을 배웠다. 밤새 도서관에서 공부할 것이라는 통념과 달리, 하버드 학생들은 사람들과 어울리고 교류하면서 생각을 확장시키고 기회를 얻는다. 그런 활동이 주로 이루어지는 것은 하루의 수업이 대부분 마무리된 오후 4시 전후였다.

셋째, '여유'를 제안하기 위함이다. 생존경쟁에서 뒤처지지 않기 위해, 갈수록 좁아지고 있는 성공의 문에 발을 들여놓기 위해 사람들은 두려움 속에서 살아간다. 일분일초까지 효율적으로 살지 않으면 무언가를 놓칠지 모른다는 두려움에 붙잡힌 채 쉼 없이 자기 자신을 갈아 넣고 있다. 소설 《모모》에 등장하는, 회색 신사들에게 시간을 판 마을 사람들처럼 말이다. 그렇지만 여유를 갖고 자신을 돌보는 사람들이 더 많은 기회를 얻고 더 멀리 간다. 음표만 가득한 음악이 아름다울 수 없듯, 우리 삶에는 길이가 다른 쉼표가 이곳저곳 자리를 잡아야 한다. '하버드'에서의 생활이라고 치열한 이야기를 예상한 독자들에게, 당신은 열심히 살고 있다고, 열정적인 하루 중에 쉼표를 찍어줘도 된다는 이야기를 꼭 전하고 싶었다. 책의 제목은 이렇게 결정되었다.

우리 부부가 하버드에 가기까지, 그리고 이 책이 나오기까지 많은 분들의 도움을 받았다.

우리 부부는 살면서 존경할만한 은사님과 멋진 친구들, 그리고 좋은 직장동료를 많이 만났다. 참 감사한 일이다. 그리고 언제나 우리를 응원해주시는 부모님 밑에서 자랐다. 근래에는 예쁜 딸을 낳았는데, 우리를 길러주신 부모님의 헌신이 얼마나 큰 것인지 뒤늦게 깨닫고 있다. 이 모든 것을 행운이라고 생각한다.

책을 쓰는 과정에서 우리를 격려해주시고 아이디어를 주신 더퀘스트의 허윤정 팀장님께 감사드린다. 촉박한 일정에도 불구하고 멋진 책으로 만들어주신 관계자분들께도 감사의 말씀을 전한다.

우리가 만난 모든 것에 감사하며, 떨리는 마음으로 이 책을 세상에 내놓는다. 이 책을 읽은 분들께서 오후 4시 반을 '진정한 내가 되는 시간', '더욱 멋진 나로 거듭나는 성장의 시간'으로 쓰시길 바란다. 성실하게 열정적으로 살아온 하루 속에서 오후 4시 반에는 잠시 멈추고 스스로를 격려하는 시간을 가지셨으면 좋겠다. 이 책이 누군가의 삶에 긍정적인 변화와 성장의 작은 계기가 되는 것이 우리의 작은 소망이다.

차례

PART 1
하버드로 향하다

PART 2
꿈에 가까워지기 위한
하버드의 필수 기본기

PART 1

하버드로 향하다

1

충주 시골소녀,
하버드 캠퍼스를 밟다

이 세상에 위대한 사람은 없다.
단지 평범한 사람들이 일어나 맞서는 위대한 도전이 있을 뿐이다.
- 윌리엄 프레데릭 할시 주니어(미국 해군 사령관)

살다보면 아주 먼 미래와 과거가 이어지는 순간이 있다. 내가 하버드를 처음 알게 된 것은 충주에서였다. 나는 사과와 밤이 맛있는 도시 충주에서 어린 시절을 보냈다. 공주 밤보다 충주 밤이 더 맛있다고 외치며 삶은 밤을 먹으며 신문을 보던 나는, 우연히 신문에서 하버드대학교의 사진을 보았다. 부모님께 세계 최고의 대학이라는 설명을 듣고, 언젠가 한 번 가보고 싶다는 생각을 했다. 그 때는 유학이라는 걸 생각조차 하지 못했고, 당연히 여행으로만 갈 것이라고 생각했다. 그로부터 15년 뒤, 나는 대학원생 신분으로 하버드 캠퍼스를 밟게 되었다.

내가 유학을 가기로 결심한 이유는 크게 '커리어 전문성'을 기르고자 하는 자기계발의 욕구, 그리고 '가지 못한 길에 대한 맛보기'라는 두 가지로 나뉜다. 첫 번째는 누구나 다 갖고 있을 '나의 잠재력을 최대한 꽃피워보고파'라는 바람이었고 두 번째는 국제적 무대에서 일하는 전문가에 대해 어렸을 적부터 갖고 있던 동경에서 비롯되었다.

대학교 2학년 때 미국 워싱턴 D.C.에서 교환학생으로 생활할 당시 우연히 세계은행에서 하는 세미나에 간 적이 있었다. 한 휴대폰 사업가가 케냐에 휴대폰을 보급하면서 모바일 뱅킹 시스템을 확산시켰을 뿐 아니라 사람들에게 저축 관념까지 심어주는 어마어마한 변화를 일으켰는데, 그 기반이 바로 세계은행의 재정적 지원이었다. 반짝반짝한 눈빛으로 발표하는 그 사업가도 멋있었지만 세미나 앞자리에 앉아 조용히 미소 지으며 그 발표를 지켜보던, 해당 프로젝트를 담당한 시니어 매니저가 내 가슴 속에 더 깊이 남았다. 자그마한 체구에 카리스마를 지닌 아시아계 여성이었다. 그때부터 세상에 이러한 긍정적인 변화를 이끌어내는 데 일조하고 싶다는 생각을 어렴풋하게나마 하게 되었다.

교환학생을 마치고 난 후 행정고시라 불리는 공무원 5급

공채시험에 합격하여 행정 사무관으로 중앙정부에서 일하게 되었지만 풋풋한 학생 시절 내가 한때 꿈꾸었던, 컨설팅과 파이낸싱(필요한 자금을 융통하는 일), 그리고 무엇보다 국제개발 업무에 대한 동경은 사라지지 않았다.

입사 후 선배들과의 저녁 식사 자리에서 우연히 하버드 케네디스쿨에 국제개발 석사과정이 있다는 사실을 알게 되었다. 1936년 설립된 하버드 행정대학원은, 케네디 전 대통령을 기리는 의미에서 1966년에 지금의 명칭인 '케네디스쿨'로 변경되었으며, 정식 명칭은 John F. Kennedy School of Government이다. 케네디스쿨의 다양한 전공 중에서 나는 정책과 행정적 요소를 배우면서도 다양한 국제개발 관련 이슈를 다룰 수 있도록 특화된 국제개발행정학(MPA/ID)에 관심이 갔다. 그때만 해도 내가 그 길을 걷게 되리라는 것은 꿈에도 몰랐다. 언젠가는 그런 기회가 생길 수도 있겠다고 생각만 했었는데, 감사하게도 해외 교육파견에 선발되어 생각보다 빠르게 기회가 찾아왔다.

직장을 다니며 유학준비를 하려다 보니 많은 난관에 부딪히기도 했다. 그러나 새로운 환경에서 똘망똘망한 눈빛이 살아있는 전 세계 학생들과 제로베이스로 다양한 도전을 해볼 수 있다는 사실이 내 의지를 끌어올렸다. 또한 진정으로 하고 싶었던 공부를 하면서 다양한 능력을 고루 다질 수 있다는 사실, 내가 세상에 어떤 변화를 일으킬 수 있을지 맘껏 창의적으로 실험해

볼 수 있다는 사실만으로도 나는 무척 설렜고 이는 모든 난관을
이겨내기에 충분했다.

유학을 결정할 때 해야 하는 3가지 고민

유학을 간다고 결정할 때 반드시 진지하게 생각해야 할 3가
지가 있다. 왜 공부하는가, 무엇을 공부하려 하는가, 공부가 주
된 목표가 아니라면 무엇을 얻고 싶은가. 특히 미국 유학은 엄
청난 금전적 비용과 기회비용이 든다. 우선 1년 학비가 6만 달
러에 육박하고 이외에 주거비, 생활비, 책값 등을 고려하면 2년
과정에 1억 5천만 원 정도는 생각해야 한다. 따라서 석사과정에
지원하기 전, 유학을 통해 얻고자 하는 것이 무엇인지를 명확히
하고 금전적 비용과 시간, 그리고 에너지의 투입을 상회하는 성
과를 내기 위해 어떻게 하면 좋을지도 고심해보아야 한다.

나는 내로라하는 MBA 4곳과 하버드 케네디스쿨, 총 5곳의
학교에 원서를 넣었다. 목표가 도전적이면 더 열심히 준비할 수
있을 것이라는 생각이었고, 당시에는 남자친구였던 남편이 농
담 섞어 '좋은 학교가 아니면 안 보내준다'고 했던 말도 영향이
있었다. 도전적인 목표를 설정했기 때문에, 짧은 기간 압축적으
로 더 열심히 준비할 수 있었던 측면도 있다고 생각한다.

1) 왜 공부하는가?

내가 유학을 결심한 가장 큰 이유는 '경력에서의 전문성 강화'다. 국제통상 직렬로 공직에 입문한 나의 첫 부서는 도로정책과, 그 다음 부서는 해외건설지원과였다. 주로 '국제협력'이라 분류되는 일을 많이 맡았는데, 언어와 문화가 다른 사람들이 공동의 의제를 갖고 머리를 맞대어 협력 방안을 도출해내는 것에서 재미와 보람을 느꼈다.

내가 있던 부서에서 사업성 자체를 담보로 자금을 조달하는 프로젝트 파이낸싱Project Financing이라는 금융방식으로 터키와 이라크에서 인프라 건설을 추진한 적이 있다. 동일한 금융기법이었지만 수익성에 따라 성공 여부는 달랐다. 공공성이 강한 사회기반 인프라를 구축하는 것임에도 수익성에 따라 재원을 확보하는 방식이 달라지는 것을 보고, 보다 발전된 금융기법이나 정책 수단이 있는지 공부해보고 싶다는 생각을 했다. 이 때 처음 진지하게 유학을 생각해보게 되었다.

또 다른 이유는 다양한 분야에 대해 탐구해보고 싶었기 때문이다. 내가 업으로 선택한 진로는 아니지만 국제개발 업무는 여전히 멋있어 보였다. 유학을 준비하던 중 하버드 케네디스쿨의 MPA/ID 과정은 국제기구에서의 인턴으로 일하는 경험이 졸업요건이라는 것을 알았다. 나는 그것이 졸업을 위한 의무가 아니라 기회라고 생각했다. 가보지 못한 분야를 '찐-하게' 경험해볼 수 있는 기회. 그것만으로도 내게는 충분한 동기가 되었다.

2) 무엇을 공부할 것인가?

여기서는 하버드 케네디스쿨의 전공에 대한 간략한 소개가 필요할 것 같다. 내가 최종적으로 가게 된 하버드 케네디스쿨은 '공공 분야 리더의 양성'을 목표로 4개의 석사학위 과정을 운영하고 있다. 행정학(MPA), 정책학(MPP), 미드커리어 행정학(MCMPA), 그리고 국제개발 행정학(MPA/ID) 프로그램이 바로 그것이다.

우선 MC/MPA 과정의 기간은 1년이며, 7년 이상의 경력을 지원자에게 요구한다. 학교는 이 학생들에게 현실 세계의 이슈를 학교에 가져와주길 기대하며, 공공정책에 대한 문제의식과 경험이 있는지, 그리고 그것을 다른 학생과 적극적으로 공유하려는 의지가 충만한지를 평가하여 합격 여부를 가린다고 한다. 학생들의 평균연령은 39세이다.

행정학(MPA) 과정의 기간은 2년이며, 공공조직의 관리에 대해 배운다. 30세 전후의 학생이 주를 이루고, 유학생 비중은 절반 정도이다. 필수과목이 많은 MPP, MPA/ID 과정에 비해 과목 선택의 폭이 넓은 것은 장점이지만, 해당 과정 동급생 전체가 얼굴을 마주하는 기회가 일주일에 한 번 있는 세미나로 한정되어 동급생 간 결속력이 약한 것은 단점이 될 수 있다.

정책학(MPP) 과정의 기간은 2년이며, 경력 3년 정도의 젊은 학생들이 많다. 주정부나 연방정부에서 근무하려는 미국 학생이 거의 80%를 차지한다. 참고로 행정학과 정책학은 비슷하면서도 강조점이 다른데, 행정학이 리더십과 공공조직의 관리에 초점을 두는 반면, 정책학은 정부가 내놓는 정책이 효과적으로 공공문제를 해결할 수 있을지에 대한 분석에 초점을 둔다.

　마지막으로, 내가 선택한 2년 기간의 국제개발행정학(MPA/ID) 과정이 있다. 2000년에 설립되어 비교적 최근에 개설된 전공이며, 타 전공에 비해 경제학을 활용한 양적 분석을 중시하는 것이 특징이다. 지원 자격이 나름 엄격한데 미시경제학과 거시경제학, 미적분학 등 수학적 능력을 필요로 하는 과목에 대한 수강 이력을 필수요건으로 내세운다. 필수 과목들이 수학적, 통계학적으로 굉장히 깊이 있게 들어가기 때문에, 경제학 수업은 거의 박사과정 수준이라는 것이 학교 측의 설명이다.

　내가 매력을 느끼고 지원한 MPA/ID 과정은 참 독특하다. 수준 높은 경제학 전공지식에 기반하여 분석 능력을 갖출 것을 주문하면서 동시에 조직학·법학·정치학 지식을 융합한 다각적 접근 방법을 시도한다. 개발 현장에서 활용할 수 있는 실용적인 지식을 배운다는 점도 무척 흥미로웠다. 여름방학 기간 동안 개발도상국 정부나 국제기구 등에서 개발 관련 문제를 해결하기 위한 인턴십을 해야만 졸업이 가능하다. 졸업논문은 정부나 국제기구의 정책 담당자에게 제출할 것으로 가정한 정책분석 보고서 형태로 작성한다. 국제개발행정학 전공을 알고, 내가 공부하고 싶은 것들을 잘 모아놓은 듯한 느낌을 받아 나는 망설임 없이 이 과정에 지원했다.

3) 공부 외 다른 목표가 있는가?

공부 외에 다른 목표를 중시하는 경우도 많다. 예컨대 어학 능력을 극적으로 높인다거나, 새로운 문화권에서 저변을 넓히면서 다양한 네트워크를 쌓는다거나, 커리어 전환을 통해 해외 취업을 노리는 사람들도 있다. 실제로 상당수의 사람들은 MBA를 비롯한 석사과정의 가치를 네트워킹에서 찾는다.

만일 그런 목표가 있다면, 입학하고자 하는 학교의 위치도 신중하게 따져봐야 한다. 나는 MPA/ID 과정이 제공하는 다양한 지적 자극을 경험하는 것, 나에게 익숙한 안전지대 밖으로 나가 새로운 환경에서 나의 잠재력을 탐구하는 것이 목표였기에 이 부분은 크게 고민하지 않았다. 그러나 네트워킹과 같은 공부 외 목표가 있다면 이 부분도 신중하게 고민해보자. 첨단 IT 산업과 가까워지고 싶다면 실리콘 밸리가 위치한 캘리포니아로, 금융산업에 가까워지고 싶다면 월스트리트를 품고 있는 뉴욕으로 가는 것을 추천한다.

앞서 제시한 세 가지 질문에 대한 나의 답변을 정리하면 표

세가지 질문	나의 답
왜 (Why?)	커리어에서의 전문성 강화와 다양한 분야에 대한 탐구
무엇을 (What?)	'지식과 경험이 풍부하고 독자적인 비전과 의견을 확실히 전할 수 있는 인재 육성*'을 위해 MPA/ID 과정이 제공하는 커리큘럼을 공부
또 다른 무엇 (What Else?)	내 안전지대 밖으로 나가보는 도전, 다양한 시행착오를 통해 실제 활용가능한 경험을 쌓는 것, 내 틀을 깨는 동시에 나의 중심을 세우는 일

● MPA/ID 과정의 필수 과목 중 하나인 '경제발전론(Economic Development)'을 가르치는 대니 로드릭(Dani Rodrik) 전 학과장이 말하는 교육목표이다.

와 같다. 솔직하게 말하자면, 아주 확고한 단 하나의 목표를 뚜렷하게 찾지는 못하였다. 일단은 도전한다는 것 그 자체에 의의를 두고, 표에 제시한 세 가지를 추구하겠다고 마음을 먹었다. 이제 남은 것은 유학 준비에 전념하는 것뿐이었다.

유학 갈 때 꼭 필요한 것들

만만치 않은 미국 유학 준비에서 필수적으로 갖추어야 하는 것들을 정리하여 소개해본다.

1) 정량적 점수 : TOEFL + GMAT/GRE

일단 시험을 쳐서 일정 수준 이상의 점수를 만들어야 하는 것들에는 영어점수인 TOEFL과 학업능력을 평가하는 GMAT/GRE가 있다.

토플의 경우 ETS 공식 문제집을 주로 활용했다. 흔히 수험생들은 모의고사가 실제 시험과 난이도 차이가 크지는 않을지, 문제집을 잘못 고른 것은 아닌지 걱정하는 경우가 많다. ETS가 시험 출제기관이기 때문에 나는 마음 편하게 공식 문제집을 골랐다.

여기서 짠테크 꿀팁 하나. 토플 응시료에는 '성적표 4부 무료 배송'이 포함되어 있다. 다만 이 기능을 활용하기 위해서는 시험 전날 22시까지 성적표를 배송할 학교 4곳을 ETS 온라인 홈페이지에서 수신처로 추가해두어야 한다. 나는 이를 몰라서 시험 점수가 나온 후 학교당 20달러를 내고 토플 성적표를 부쳐야만 했다. 무료 배송 기능을 활용하면 조금이나마 비용을 절감할 수 있다.

GMAT Graduate Management Admission Test은 MBA 지원을 위해 꼭 봐야 하는 시험으로, 일반 대학원 입학 시 봐야 하는 GRE와 양대 산맥을 이룬다. 통상 경영전문대학원(MBA)은 GMAT 성적을, 행정대학원(MPA)은 GRE 성적을 요구한다. 그러나 최근에는 특정 성적만 받는다고 제한을 두지 않는 학교가 많아지고 있으므로, 개별 모집 요강을 직접 확인해야 한다. 나는 당시 MBA를 더 많이 지원했기에 GMAT을 선택했다.

MBA와 MPA를 동시에 지원했던 나는 MBA의 경우 2월에 마감하는 'Round 2'에 지원했기 때문에 높은 GMAT 점수를 얻기 위해 시간을 더 쓸 수 없었다. 좋은 학교에 가기 위해 720~750점이 나올 때까지 여러 차례 응시하는 사람들도 있지만, 일정이 촉박한 나는 운 좋게 한번에 730점을 넘기자마자 곧바로 추천서와 에세이, 이력서 등 정성적 작업으로 뛰어들었다. 참고로 MBA는 지원 기간이 Round 1(9월), Round 2(2월), Round 3(4월)으로 나뉘고 하버드 케네디스쿨은 12월에 한 번 지원을 받는다.

2) 이력서와 에세이, 추천서

이력서는 기본이며, 학교마다 주제와 제출해야 하는 개수가 다른 에세이 그리고 추천서 3개를 갖춰야 한다. 대학교 성적표나 졸업증명서, 과외 활동과 단답형 질문들에 대한 대답은 인터넷으로 지원할 때 입력한다. 이력서는 1장으로 컴팩트하게 쓰는 것이 좋다.

학교에서 지원자에게 에세이를 쓰게 하는 이유는 지원자들이 학교의 학생으로서 나아가 동문으로서 학교에 얼마나 기여할지 알아보고 평가하기 위함이다. 에세이는 지원자들 중에서 나를 차별화할 수 있도록 어필하는 수단이다. 따라서 본인에 대한 것을 솔직하고 당당하게 담아내야 한다. 에세이 쓰기와 관련한 많은 조언들이 있는데, 핵심은 'be yourself' 그리고 'get real'이다. 나 자신을 정확하게 파악하고 정직하게 쓰는 것이 중요하다. 내가 얼마나 잠재력 있는 사람인지, 그리고 내가 입학하고자 하는 학교와 어떻게 잘 맞는지를 강조하는 것이 도움이 된다.

에세이 작업은 최대한 빨리 시작하는 것이 좋다. 내 인생과 관련하여 마음 속 저 깊은 곳까지 내려가 휘젓고 또 휘젓는 과정의 연속이기에 유학 준비 시 가장 힘든 작업이라고 단언할 수 있다. 에세이는 추후 인터뷰와도 연계가 될 수 있기 때문에 고민을 할 때 깊고 폭넓게 해두는 것이 좋다. 자신의 강점과 약점, 학교와 직장에서 자신이 했던 일과 성공 사례들, 자신이 했던 일 중 가장 힘들었던 일과 그것을 어떻게 극복했는지, 자신의 단기적·장기적 목표가 무엇이고 이를 위해 어떻게 노력해왔는지 등을 잘 생각해보는 것이 좋다.

추천서는 에세이와 함께 매우 중요한 서류다. 학교별로 다르지만 보통 2~3통의 추천서를 요구하며 직장인의 경우 1통은 학생 시절 교수님, 2~3통은 직장 상사나 동료에게 받는 것이 관례다. 일단 추천서는 자신을 잘 아는 사람에게 받는 것이 좋다. 잘 아는 사람이 지위가 높지 않아도 괜찮다는 사실을 아는 게 중요하다. 지원자에 대해 잘 아는 분의 진정성 있는 추천서가 좋다는 것이 모든 대학원에서 강조하는 사항이다. 추천서를 작성해 주실 분들은 최대한 빨리 연락드리고 찾아뵙는 것이 좋다.

　이력서와 에세이, 추천서는 전략적으로 구성해서 자신을 전방위적으로 잘 어필해야 된다. 에세이에서 내가 활용한 경험, 추천서에 선보일 경험을 조금씩 달리해서 나의 강점들을 테마로 엮으면 좋다. 케네디스쿨 MPA/ID 과정은 국제개발 경험과 관련된 에세이 하나, 리더십 경험 에세이 하나, 정책 에세이 하나, 이렇게 총 3가지 에세이를 써야 한다. 공익을 위해 일할 인재를 양성하는 것이 케네디스쿨의 목표인 만큼, 학교는 지원자의 공익에 대한 열정 즉 사회적으로 어떤 기여를 해왔는지, 그리고 졸업 후 어떤 것을 하고 싶은지에 대한 포부를 관심있게 본다.

3) 인터뷰

　모든 서류를 완성해서 온라인으로 지원을 마치고 나면 풍선에서 바람이 빠지듯 한동안 힘이 없어진다. '내 모든 것을 털어넣었어!' 같은 느낌이랄까……. 딱 보름 정도 쉬고 다시 인터뷰 준비를 시작했다.

　인터뷰는 크게 장소에 따라 직접 지원 학교에 가서 하는 On-cam 인터뷰, 특정 도시에서 만나서 하는 Hub-city 인터뷰,

그리고 비대면으로 진행되는 스카이프Skype 인터뷰나 전화 인터뷰로 나뉜다. On-cam 인터뷰는 학교에 좋은 인상을 주므로 많이들 추천하는 방식이나, 개인적으로 직장을 다니는 와중에 미국까지 왔다 갔다 할 일정을 빼기가 어려웠고, 서류전형에 합격한 모든 학교에서 와준다기에 전부 다 서울에서 보는 것으로 선택했다.

인터뷰에 갈 때는 깔끔한 정장을 입고 이력서를 프린트해가는 것이 좋다. 리더십, 팀워크, 의사결정, 힘든 상황 극복, 실패 등에 대한 개인적 경험, 직장에서의 경험을 미리 생각해두어야 한다. 각각의 경험마다 2~3개의 핵심 아이디어를 키워드로적어두면 질문이 나왔을 때 대답하기 좋다.

이렇게 치열한 유학 준비를 마치고 결과를 기다렸다.

선택의 기로에서 하버드 케네디스쿨을 선택하다

지원한 5곳 중 최종 2곳에 합격했다. 하버드 케네디스쿨합격 메일은 3월 중순에 도착했다. 아침에 일어나 'Good News from the MPA/ID Program'이라 온 메일을 보고는 기쁨으로 부풀어 올라 잠시 침대에서 멍하게 있었다. 긴장이 풀리자 가족들, 그리고 추천서를 써 주신 교수님과 직장 상사분께 합격 소식과 감사를 전했다.

예일 MBA 합격 소식은 4월에 전화로 들었다. 휴대폰에 이상한 국제전화 번호가 떠서 안 받았는데 3번인가 계속 똑같은 번호로 전화가 오길래 받았더니 나를 인터뷰했던 입학사정관의 목소리가 들리는 게 아닌가! 남자친구도 옆에 있었고 정말 예상을 못 하고 있어서 어버버 하면서 받았는데, 바로 "축하합니다 Congratulations!"하고 말해주었다. 합격의 순간 행복하게도 옆에 있던 소중한 사람과 기쁨을 공유할 수 있었다.

문제는 하버드대학교의 행정대학원과 예일대학교의 경영대학원 중에 하나를 선택해야 한다는 점이었다. 행복한 고민이긴 하지만, 정말 치열하게 준비하여 합격하였고 둘 다 각각의 매력이 있는 만큼 선택이 쉽지 않았다. 추천서를 써주셨던 교수님께서는 '대학원을 가는 것은 결혼과도 같다'고 말씀하셨다. 다수를 합격하더라도 결국에는 하나를 선택해서 가야 한다는 점에서 그렇다는 뜻이었다.

최종 선택을 하기 전 각 학교를 다녔던 선배들에게 조언을 구하고, 남자친구와도 많은 대화를 나누었다. 기업의 경영 성과를 높이는 것보다는 공공가치를 창출하는 것에 내가 더 관심을 갖고 있다고 판단하였고, 대한민국 정부에서 일하는 공무원으로서 더 프로페셔널해지는 길은 하버드대학교의 MPA/ID 과정이라고 생각했다. 결정적으로 교환학생 시절 내 가슴을 뛰게 한 것은, 글로벌기업의 경영진이 아니라 월드뱅크 매니저가 인류의 문제해결에 기여하는 모습이었다는 것을 떠올렸다. 결국 하버드 케네디스쿨로 마음을 정하였다.

2

"유학 가고 싶어"에서
"나, 붙었어!"까지

우연은 항상 강력하다. 항상 낚싯바늘을 던져두라.
전혀 기대하지 않은 곳에 물고기가 있을 것이다.

– 오비디우스(시인)

"나, 유학 가고 싶어."

그때는 몰랐다. 하루하루 평탄하게 재생되고 있던 내 인생이 갑자기 2배속으로 흘러가게 될 줄은. 얌전하게 직장을 다니던 여자친구는 유학을 가고 싶다고 이야기했고 '그럼 우리 결혼은 언제 하려고?'라는 자동반사적인 말을 꾹 참은 나는 여자친구의 꿈을 응원하겠다고 말했다. 집착하는 모습을 보이기보다는 꿈을 응원해주는 멋진 남자친구로 보이고 싶은 마음이 강했기 때문이다.

설마 진짜 가겠어?

그로부터 몇 달 뒤, 신입사원으로서 직장생활의 재미와 애환을 알아가고 있던 나는 대학원 입학지원서를 준비하며 느끼는 여자친구의 자아성찰 이야기를 듣게 된다. 자기소개서를 쓰면서 자신의 부족한 점과 경쟁력을 알게 되었다는 등의 이야기를 들으면서 나는 뭔가 쎄한 느낌을 받았다. 어라? 이러다 정말 유학 가겠는데?

나는 전략을 바꾸었다. 유학을 만류하거나 싫은 티를 내면서 갈등을 만들지 않기로 했다. 여자친구의 성취 욕구를 자극하여 세계 최고의 대학만을 노리라고 조언하기로 했다. 학교별로 각기 다른 요구 사항을 충족해야 하는 번거로움, 지원 절차에 수반되는 비용의 부담스러움을 강조했다. 따라서 극소수의 인기 있는 대학에만 지원을 하고 그 결과는 하늘에 맡기자고 제안했다. '진인사대천명'이라는 말도 있지 않은가!

순진한 여자친구는 나의 조언을 착실하게 따랐고 하버드와 예일, 스탠퍼드를 비롯한 다섯 군데 학교에만 지원했다. 이번에 안 되면 유학을 가지 않겠다는 여자친구의 말에 모든 것이 다 잘 될 것이라며 나는 등을 두드려주었다. 솔직히 그때까지도 진짜 유학을 갈 거라고는 생각하지 못했다. 꿈을 향한 여자친구의 노력, 그 길을 응원해주는 남자친구, 최고를 지향했기에 따르는 아쉬움, 그 모든 아쉬움을 위로해주는 나의 따뜻함에 반한 여자친구와의 결혼까지, 시나리오는 완벽했다. 여기까지는 말이다.

내 거친 생각과 불안한 눈빛과 ⋯ 중대결심

'인생이 계획한 대로만 흘러가지는 않더라'는 우리 어머니의 말씀은 사실이었다. 직장에 있던 나는 전화로 "오빠, 나 붙었어!"라는 여자친구의 감격 어린 목소리를 통해 하버드대학교 케네디스쿨 석사과정 합격이라는 가슴 벅찬 소식을 들었다. 이 소식은 다른 의미로도 나에게 벅찬 일이었다. 여자친구의 잠재력을 과소평가한 나는 적잖이 당황하였고 이제 몇 달 뒤면 여자친구와 한국과 미국에서 초장거리 연애를 해야 하는 상황을 맞이하였다. 어⋯⋯ 이게 아닌데?

기정사실이 된 여자친구의 유학 때문인지 나는 주말에 영화를 봐도 맛있는 음식을 먹어도 흥이 나지 않았다. 내년 이맘때쯤에 난 혼자겠구나 하는 생각, 시차가 있으니 여자친구가 하루를 시작하는 아침이 나에게는 퇴근 시간이고 퇴근 후 내가 늘

어놓는 푸념을 들으며 우리는 조금씩 지쳐 가겠구나 하는 생각
이 들었다. 나는 자꾸만 이별 노래의 가사 속 주인공이 되곤 하
였다.

사람 일은 아무도 모른다는데 2년 뒤의 우리가 지금의 우
리랑 같을지 누가 알겠나 하는 생각이 들었다. 이런 고민을 여
자친구에게 솔직하게 털어놓을까 싶었지만 혹시나 여자친구가
자신을 신뢰하지 못한다고 느껴 관계가 악화될 수도 있겠다고
생각한 나는 혼자 끙끙대며 힘들어했다.

'너와 결혼까지 생각했어'라는 가수의 노랫말을 들으며 당
분간 떨어져 지내야 하는 상황에 슬퍼하다가 또 그 가수를 흉내
내는 코미디언의 영상을 보며 웃음을 참지 못하는 등 하루에도
수십 번 감정이 오르락내리락했다. 일도 손에 잡히지 않았다.
나는 이 상황을 타개하기 위해 중대 결심을 한다. 결혼식을 올
리고 혼인신고서에 도장을 찍겠다고 말이다. 그래서 한밤중에
전화를 걸었다. 그리고 박력이 있는 듯 없는 듯한 목소리로 말
했다.

"어, 그니까… 아, 할 말이 있어. 결혼하자, 일단. 최대한 빨
리."

행복은 만족모형에 있다

직장 최종 면접에서 신중함을 장점이라고 내세웠던 나, 인생에서 가장 중요한 결정은 정말 충동적으로 해버렸다. 그것도 여자친구의 얼굴도 마주하지 않은 집 앞 공원에서 전화로 말이다. "그냥은 못 가. 결혼 먼저 하자. 나랑 결혼하고 유학 가." 프러포즈도 협박도 아닌 나의 황당한 제안에도 불구하고 여자친구는 거절하지 않고 부모님과 상의는 해야 하지 않겠냐고 차분하게 나를 달랬다. 그 때가 월요일 저녁이었고 그 주 주말에 예식장을 둘러본 뒤 월요일이 오자마자 예식장 계약서에 서명을 했다. 우리의 빠른 결정에 예식장에서는 오히려 급한 사정이 있냐며 몇 군데 더 살펴보지 않아도 괜찮냐고 물어볼 정도였다. 그 때가 결혼까지 두 달, 유학까지 세 달 남은 시점이었다.

패기 있게 결혼을 선언하고 보니 그제야 챙겨야 할 것들이 눈에 보였고 또 너무 많았다. 당시 여자친구는 회사에서 중요한 일이 계속 발생하여 출장 다니기 바빴고 출국을 위한 비자 문제, 입학 절차 진행 등 신경 쓸 것이 한둘이 아니었다. 상황이 이러하니 결혼이라는 초단기 프로젝트를 성공적으로 완수하는 것은 온전히 내 몫이었다.

결혼을 앞둔 예비부부들이 많이 가입한다는 인터넷 카페에 가입하여 결혼 준비 후기를 잔뜩 읽고 최근에 결혼한 친구들과 선배들에게 전화로 자문을 구했다. 엑셀 파일에 과업과 중요 사항, 거래처, 예상 비용 등을 적어 데드라인을 설정했다. 사실 데드라인은 별 의미가 없었다. 결혼이 코앞이었기 때문에 데드라인은 어차피 일주일이었다.

정보와 숙고의 시간이 부족한 상황 속에서 급하게 결혼을 추진하느라 과도하게 비용을 지출한다거나 중요사항을 빠뜨릴까 봐, 더 좋은 선택지가 있는데도 충분히 찾아보지 못하여 놓치게 될까 봐 나는 매우 긴장된 상태였다. 이때 대학교 전공 수업에서 배웠던 '만족모형satisficing model'이 큰 위안과 도움이 되었다.

- 합리모형 : 가능한 모든 대안을 탐색하고 그 대안의 결과를 예측하고 비교·평가하여 완전한 합리성 속에서 의사결정하는 방식

- 만족모형 : 시간, 정보, 그리고 이를 처리할 수 있는 인지능력에 제약이 있는 '제한된 합리성' 속에서 어느 정도 만족할 만한 수준의 정보수집과 대안 탐색이 이루어지면 의사결정을 하는 방식

우리는 모든 선택지를 동시에 탐색하고 그 결과를 완전하게 파악할 수 없다. 우리가 세상의 모든 사람을 동시에 만나보고 배우자를 선택하는 것은 아닌 것처럼 말이다. 수업 시간에

만족모형 개념을 배우고 공책 구석에 '개인의 행복은 만족모형을 택해야 얻을 수 있을 듯'이라고 써놓았던 것이 생각났다.

그렇게 만족모형을 떠올리고 나서야 나는 마음 편히 결혼식 준비를 할 수 있었다. 100점짜리 예식장이 아니더라도, 이 세상에서 가장 아름다운 문구를 청첩장에 새기지 않더라도 충분히 아름다운 결혼식이 될 수 있음을 깨달았다. 내게 중요한 것은 유학을 떠나는 여자친구와 결혼을 하는 것이었다. 급하게 준비하느라 소홀함이 많다는 말을 듣고 싶지 않아 이리저리 뛰어다니던 나는 학생 시절 전공 수업의 가르침에서 마음의 진정을 얻었다.

한 달 후 미국으로 떠날 여자친구와 초고속으로 준비한 결혼식이지만 무사히 결혼에 골인했다. 주변에 아주 급하게 소식을 알린 결혼이었지만 감사하게도 많은 분들의 축복을 받았다. 여자친구의 유학 선언과 나의 갑작스런 결심이 맞물려 나는 이렇게 급히 유부남이 되었다.

3

하버드 전업주부의 탄생

사랑은 가장 가까운 사람,
가족을 돌보는 것에서부터 시작된다.

– 마더 테레사(수녀)

우리는 결국 결혼에 골인했고 달달한 신혼생활을 누렸다. 아주 잠깐이지만. 당시 나는 여의도에서, 아내는 세종에서 일했다. 곧 떨어져 지낼 것이기 때문에 나는 세종에서 여의도까지 통근을 했다. 버스와 기차, 지하철과 도보를 골고루 섞은 장거리 통근길이었다.

그때는 부서에서 결원이 발생하여 늦게까지 일하고 퇴근하는 경우가 잦았다. 체력은 예상보다 빠르게 고갈되고 있었지만

'함께 보내는 지금'이 우리 부부가 떨어져 있을 동안 큰 힘이 될 것을 알았기 때문에 버텨냈다. 한 달밖에 안 되는 시간이지만 남편과 보낸 달콤한 신혼생활이 대학원 생활에 큰 힘이 될 것이라고 생각했다. 하지만 그 짧은 기간마저 아내에게 급한 해외 출장이 생겨 천금 같은 며칠을 떨어져 지냈다. 결혼을 하고 아내가 출국하기 전까지 같이 생활한 날을 세어보니 사실상 3주 남짓이었다.

아내가 출국하기 하루 전, 장인어른, 장모님과 가볍게 저녁 식사를 하고 비행기를 놓치지 않기 위해 일찍 잠자리에 들었다. 그리고 다음날 일찌감치 인천국제공항에 도착하였다.

"숙소 도착하면 연락해. 내가 휴가 모아서 찾아갈게. 금방 갈 테니 너무 외로워하지 마. 밥은 꼭 잘 챙겨 먹어야 해." 같은 당부에 더하여 "생활비 부족하면 꼭 말해. 내가 라면을 먹어도 너는 스테이크를 먹어야지."라는 허세 섞인 말을 던져 아내의 실소를 이끌어냈다. 잠깐이지만 긴 포옹을 한 나는 활짝 웃으며 손을 흔들었다. 큰 몸짓과 익살스러운 동작으로 응원의 제스처를 취했지만 당분간은 못 보겠구나 하는 생각에 마음이 허전했다.

자유는 달콤해, 그래도 외로워

"아내와 떨어져 지내는 생활을 시작했다고? 우리 이 주임은 전생에 독립운동을 했나? 조상님들이 덕을 많이 쌓으셨네, 허허."

"제가 볼 때 이 친구 아마도 강화도에서 삼별초로 근무했거나 거북선에서 노를 아주 열심히 저었던 것 같습니다. 아, 완전 부럽네."

장난기 많은 직장 선배들은 '유부남의 자유'를 부러워했다. 자유가 달콤한 건 사실이었다. 나는 아내가 출국하고 난 뒤 결혼 전 장거리 연애하던 총각 시절로 돌아간 듯한 생활을 했다. 퇴근길에 직장 동료들과 국밥 한 그릇 말아먹고, 근처에 사는 친구들을 불러내어 PC방에 가곤 했다. 이제는 대한민국 민속놀이가 된 스타크래프트를 신나게 하다가 귀가하는 생활을 한동안 즐겼다. 귀가 후 미국 동부 표준시 기준으로 아침이 되면 아내에게 모닝콜 전화 또는 영상 통화를 건네며 하루를 힘차게 보내라고 응원의 메시지를 보냈다. 한편으론 적당히 내 시간을 쓰면서 그럭저럭 지낼만한 날들이었다.

동시에 난 열심히 일하며 악착같이 휴가를 모았다. 부서의 주요 사업이 일단락된 시점에 팀장님의 허락을 받아 6일의 휴가를 받았다. 앞뒤로 이틀의 주말을 붙였고 왕복 요금을 고려하여 항공기 이용료가 조금 더 싼 날에 출발했다. 보스턴 로건 공항에 도착한 날 약 100일 만에 만난 우리는 반가움의 눈물을 흘렸다.

아내가 지내는 기숙사를 둘러보았고 등하굣길이 어느 정도 거리인지 인근 근린 공원은 안전한 곳인지 등을 확인하였다. (참고로 보스턴은 마리화나가 합법인 지역이다) 어떤 길은 위험해 보이니 도서관에서 늦게 귀가할 때에는 버스나 택시를 타라는 등 밤늦게 다니지 말라는 등 잔소리도 건넸다. 아내의 친구들도 만나 간단히 인사도 나누었다. "안녕, 나는 내 아내의 남편이야. Hello, I'm husband of my wife." 수준의 짧은 인사였다. 친구들을 만나보니 아내가 좋은 사람들과 잘 지내고 있구나 싶어 마음이 놓이기도 했다.

하버드대학교 캠퍼스도 거닐고 보스턴 시내와 근교 여행을 했다. 항구 도시 보스턴의 특산물 중 하나인 랍스터를 먹으면서 아내와 행복한 시간을 보내고 달러화로 환전해간 용돈을 건네준 뒤 한국으로 돌아왔다. 아내와 함께한 시간은 무척 행복했지만 돌아오니 허전함을 더 크게 느꼈다. 오히려 괜히 갔나할 정도로 말이다. 친한 친구들은 우스개로 '다시 찾은 자유를 축하한다'라고 이야기해주며 내가 쓸쓸해지지 않도록 위로해주었다.

"그래, 나는 모두가 부러워하는 자유를 누리고 있는 사람이잖아. 이 황금 같은 시간을 우울하거나 쓸쓸하게 보내지 말고 재미있게 보내자."라는 생각으로 여가시간을 즐겼다. 자유는 달콤했지만 외로움도 만만치는 않았다.

두 가지 사건과 선배님의 대출 권유

그러던 중 어떻게든 기러기 남편 생활을 청산하고 아내와 함께 지내야겠다고 결심하게 된 계기가 생겼다. 계기는 크게 두 가지 사건에서 비롯됐다.

첫 번째 사건. 아내의 핸드폰이 고장 나서 며칠간 연락 두절이 되었다. 하필 시험 기간과 겹쳐 아내가 핸드폰을 바로 수리하지 못해 연락이 한동안 안 되었던 참이었다. "사위, 혹시 우리 딸과 연락되는가? 며칠째 핸드폰 전원이 꺼져 있고 연락이 안 되네."라며 걱정하시는 장인어른·장모님께 "저도 연락이 안 되고 있습니다."라는 말밖에 할 수 없어 송구스러웠다. 이때 나는 타지에서 지내는 딸이 사위랑 같이 지내면 두 분의 걱정을 덜어드릴 수 있겠다고 생각했다.

두 번째는 아내의 '샌드위치 세미나' 발언이다. 샌드위치를 제공하는 세미나에 종종 참석했는데 배우는 것도 많고 끼니도 해결할 수 있어서 좋다고, 아내는 해맑게 말했다. 그러나 나는 그 말을 듣고 수업을 따라가는 것도 벅차다던데 음식은 제대로 챙겨먹겠나 싶었다.

이 두 가지 사건을 계기로 나는 아내와 함께 있어야겠다고 마음먹었다. 하지만 돈도 안 벌고 외국에 있으면 생계는 어떻게 하나 하는 걱정이 앞섰다. 그때 팀장님께서 우리 회사의 '배우자 동반 휴직' 제도를 알려주셨다. 사모님께 늘 다정하고 가족을 잘 챙기시는 분으로 유명했는데 하루하루 내 낯빛이 어두워진다며 나에게 휴직을 권해주셨다. 문제는 돈이었다. 무급휴직이니 생계유지를 할 수 없지 않겠는가. 그러자 대화를 듣고 계시던 부장님께서 일어나 한 말씀 하셨다. "대출은, 다른 거 말고 가족을 위해 받는 거라고요. 태평양인지 대서양인지 건너가서 둘이서 같이 지내요."

그렇게 나는 회사의 허락과 회사 선배님의 대출 독려 덕분에 과감하게 휴직을 하게 되었다. 내 일처럼 내 상황을 헤아려주고 배려해주신 분들 덕분에 나는 주말 부부, 아니 대륙간 장거리 분기말 부부 생활을 청산하게 되었다. 한편으로 그것은 일년 남짓 되는 시간 동안 전업주부로 살겠다는 선언이었다.

뭐 하시는 분이세요?

휴직을 결재받고 만반의 준비를 마친 나는 양가 부모님을 찾아뵙고 인사를 한 뒤, 보스턴행 비행기를 탔다. 학창 시절 영어 공부를 조금만 더 열심히 해두었더라면 미국행이 이렇게 걱정되지는 않았겠지 하는 생각과 함께.

입국하는 보스턴 로건 공항에서 출입국관리 직원과 간단한 인터뷰를 했다. 미국에서는 입국자가 불법 체류를 할 우려가 있는지를 확인하기 위해 장기간 거주할 곳이 있는지, 생계유지를 할 수 있는지 등에 대해 물어본다고 알고 있었다. 오해가 없도록 부족한 영어 실력으로 잘 답해야 했기에 바싹 긴장을 하고 있었다. 이 인터뷰에서 나의 블로그 닉네임이 탄생하게 되었다.

> 직원 : 어디로 가십니까?
> 나 : 케임브리지(하버드대학교 소재 지역)로 갑니다.
> 직원 : 숙소는 어떻게 합니까? 케임브리지 소재 호텔입니까?
> 나 : 아내가 살고 있는 하버드대학교 기숙사에서 지낼 것입니다.
> 직원 : 직업은 무엇입니까? 무엇을 하러 미국에 왔습니까?
> 나 : 어제까지는 한국에서 부동산과 관련된 일을 했습니다. 오늘부터 제 직업은 가정주부입니다. 미국에는 돈을 벌러 온 것이 아니고 주부로 살기 위해 왔습니다.

직원 : 뭐라고요? 하버드대학교에 주부를 하러 왔다고 답변한 것 맞습니까? (장난하냐는 듯한 근엄한 목소리로) 관련 서류 제출하고 뒤로 물러서십시오.

나 : 네, 맞습니다. 대학원생 아내와 함께 전업주부로 살기 위해 왔습니다.

직원 : (비자 관련 서류를 꼼꼼하게 살펴본 뒤 내 얼굴을 쳐다보며) 매우 흥미롭군요. 하버드 전업주부가 당신의 직업 맞네요. Harvard house-husband is your job. 통과."

나 : 감사합니다.

그때부터 시작되었다. 하버드 캠퍼스에 사는 남자 전업주부의 삶. 미국 공무원도 당황시키는 내가 바로 '하버드 전업주부'인 것이다. 케네디스쿨에서 유학한 아내와 함께 캠퍼스를 좌충우돌 누비고 다닌 전업주부 남편이 보고 듣고 깨달은 것을 여러분과 함께 나누고자 한다.

PART 2

꿈에
가까워지기 위한
하버드의 필수 기본기

1

도전 정신 :
시작은 과감하게 뒷수습은 철저히

두려움이라는 친구를 멀리하는 데 시간을 쓰지 마라.
용기라는 새 친구를 초대하는 데 심혈을 기울여라.

– 팀 패리스(작가)

내가 하버드 케네디스쿨로 유학을 갔을 때는 스물아홉이
되던 해였다. 보스턴에 도착하자마자 기숙사에 짐을 내려놓고
찰스강을 따라 걸어서 도착한 학교는, 존 F. 케네디의 이름을 딴
행정대학원답게 케네디 대통령의 상징이 되었던 물음 '공익을
위해 당신이 무엇을 할 수 있는지 물어라Ask What you can do'를 건
물 곳곳에 걸어놓고 있었다. 첫 만남부터 가슴이 두근거렸던 물
음이었다.

경이로운 모든 일에는 시작이 있다

하버드에 다니면서 대단해 보이는 사람들을 참 많이 봤다. 하버드에 오기 전 그들이 이뤄낸 일이든 하버드에 다니며 그들이 이뤄간 일이든. 재밌는 건 이 모든 대단한 일들의 공통점은 '하는 것Do'에 있다는 것이다. 지금의 결과만으로 봤을 때 "와, 대단하다"는 감탄사가 나오는 모든 일에는, 일단 과감히 뛰어들어야 하는 첫 시작이 있다. 하버드 학생들은 공통적으로 그러한 도전 정신이 일상생활에 자연스레 녹아 있다.

케네디스쿨의 장학금 제도가 미국 학생들에게 많이 주어지지 않는다는 불만을 품던 리암이라는 친구가 있었다. 리암은 불만을 툴툴거리는 데서 끝나지 않고 학교를 다니는 중에 스스로 발로 뛰면서 미국 학생들을 위한 장학금 제도를 만들어냈다. 주지사들과 연계하여 여름방학 동안 케네디스쿨의 학생들이 그 지역 사무실에서 일하며 정책을 설계해주고 학기 중에도 지속적 컨설팅을 제공하는 형태의 유급 인턴십 프로그램을 기획한 것이다.

리암은 학교에 있는 정책 센터에 특강 차 오신 시장님과 이야기를 나누며 네트워크를 확장해 이러한 수요가 있는 다른 시들을 찾아냈고 여기에 관심 있는 학생들도 모았다. 케네디스쿨의 여러 연구 센터들 중 하나인 타우브만 센터Taubman Center for

State and Local Government에 요청해 네트워킹 행사도 열었다. 이런 자리를 통해 각 시에서 나온 담당자들의 정책적 수요와 학생들의 아이디어가 자유롭게 오갔고 또 매칭까지 이루어졌다. 결국 리암은 학교를 다니는 동안 재정적 지원을 받으며 실무 경험도 넓힐 수 있는 이 프로그램의 창립자가 되었다. 학교가 짠 수업을 들으며 공부하는 '학생'이라는 프레임, 학교에서 주는 장학금에 선발이 되기 위해 애쓰는 일방향적인 '지원자' 프레임에 본인을 가두지 않고 도전한 결과였다. 일단 도전해보는 것, 그것이 가능성을 현실로 만드는 첫걸음이다.

자유와 도전은 한 세트로 움직인다

하버드 학생들이 이렇게 거침없이 도전할 수 있는 이유가 무엇일까? 나는 그 비결이 자율성에 있다고 본다. 하버드에서 느꼈던 점 중 하나는 학교가 학생들의 자율성을 중시하고 다양한 도전을 장려한다는 것이다. 학생들은 학교에서 만들어준 네트워크를 활용하여 새로운 것들을 만들고 개발하고 키워나간다. 교수와 협업해서 심화 형태의 교육 커리큘럼을 짜거나 자신이 관심 있는 분야에 대한 심도 깊은 연구를 해보는 학생들도 있고 세상의 문제를 해결하기 위한 아이디어를 더 발전시켜 사업을 시작하는 학생들도 있다.

코리아 트렉Korea Trek에서 만난 제이슨은 하버드에서 MBA와 MPP 복수 학위과정을 밟던 친구인데 드론 분야 벤처기업에 집중하고 싶다며 3년 과정 중 1년을 남겨두고 휴학을 했다. 프린스턴대학교를 졸업하고 컨설팅 회사에서 일하다 하버드에 와서 공부하던 제이슨은 미국에 빈번한 총기사고와 초동 조치를 하는 경찰들의 안전 문제를 해결하는 것에 관심을 가져왔다. 그러다 드론을 활용한 해결책을 고안했고 이를 사업으로 발전시키고자 휴학까지 한 것이었다.

이 친구를 만난 코리아 트렉에 대해 잠깐 설명해야겠다. 하버드에는 방학 동안 참여할 수 있는 트렉Trek이라는 프로그램이 있다. 코리아 트렉, 이스라엘 트렉, 페루 트렉, 부동산 트렉 등 답사하고자 하는 특정 국가나 연구하고자 하는 테마가 앞에 붙는다. 학교 차원에서 공식적으로 운영하는 것이 아니라 학생들이 자국에 관심 있는 다른 학생들을 모아 기획하고 운영하는 자율적 프로그램이다. 학생들의 네트워크와 자원, 조직력을 믿는 학교의 방침 덕에 개성도 강하고 내용 면에서도 충실한 다양한 트렉들이 생겨난다.

나도 봄방학 때 우리나라에 관심 있는 학생들을 모아 한국을 소개하고, 직접 한국의 곳곳을 답사하는 코리아 트렉을 기획·운영했다. 부산을 시작으로 역사가 숨 쉬는 경주, 산업의 메카 울산을 거쳐 서울을 방문하였는데, 한국의 역사와 문화, 정치와 경제의 현장을 보여주는 값진 시간이었다. 학교에서 시키지 않아도 자율적으로 프로젝트를 기획하고 성공해내는 것은 자유와 도전이 하나로 엮이는 멋진 경험이다.

다시 제이슨 이야기로 돌아오자. 하버드 이노베이션 센터에서 펀딩을 받아 드론 프로토타입을 구상한 제이슨은 이를 구현할 수 있는 기술을 가진 기업에 같이 테스트해보자고 제안했고, 그 기업의 CEO는 흔쾌히 동의하며 프로젝트를 구성해 제이슨이 여름방학 동안 일할 수 있도록 자리를 마련해주었다. 프로젝트 결과, 신고를 받고 바로 현장으로 출동한 드론이 총소리를 측량해서 경찰관에게 총격이 발생한 위치를 알려주는 시스템이 고안되었다. 제이슨은 엄청난 고민 끝에 학교를 그만두기로 했고 '하버드 중퇴'라는 타이틀을 자랑 반 홍보 반으로 달고 현재 이 기업에서 일하고 있다. 자율 비행 드론을 활용한 구조와 탐색, 교량 안전 점검 등 활발한 활동으로 눈코 뜰 새 없이 바쁘다고 한다.

제이슨이 하버드를 중퇴할 만큼 열정적으로 자신의 모든 것을 쏟아부을 수 있는 이유를, 나는 '자율적인 도전'에서 찾는다. 누가 시켜서 하는 일이라면 제이슨은 학위를 포기하면서까지 그렇게 열심히 하지는 않았을 것이다. 또한 손에 쥐고 있는 것을 놓을 줄 아는 과감함 역시 본인의 선택이었기 때문에 가능한 것이다. 이런 의미에서 자유와 도전은 한 세트이다.

하버드 학생들의 도전이 남다른 3가지 이유

"하버드는 여러분들이 만들어가는 곳이다. 주도적으로 아이디어와 기회와 사람을 찾고 그 일에 뛰어들어라." 언젠가 한 교수님이 해주신 말씀인데, 인상 깊어 다이어리에 적어둔 문구이다. 학생들의 자율성을 살려주는 학교의 분위기를 잘 반영한다.

하버드 학생들의 도전 정신은 어디에서 비롯되는가? 첫째, '삶을 주체적으로 사는 것'에서 비롯된다. 본인 스스로 선택한 도전이니 더 슬기롭게, 즐겁게 임할 수 있다. 삶의 목표와 계획을 혼자 힘으로 수정하는 데 미숙한 사람들은 무모한 도전으로 인한 실수와 실패가 많다. 이렇게 되면 다음번 도전 때는 두려움이 커지고 결국엔 소심하게 쪼그라들곤 한다. 하버드에 다니는 친구들이라고 해서 도전에 대한 두려움이 없는 것은 아니었다. 하지만 그들에겐 크고 작은 성공을 쌓으며 형성된 '이기는 습관'이 있었고 그것이 무언가에 과감하게 도전할 수 있는 자신감의 바탕이 되었다.

이들의 도전 정신을 뒷받침하는 두 번째 요소는 '준비'이다. 그들은 "좋아, 시도해보겠어!"라고 일단 뛰어들되 성공률을 높이기 위한 준비들을 바로 채워나간다. 무모한 도전이 되지 않도록 잘 준비하는 것이다. 장학금 제도를 만들어낸 리암도, 드론을 활용하여 초동 대치 서비스를 만들어낸 제이슨도 무작정 아이디어 하나로만 부딪히진 않았다. 프로젝트와 관련된 계획을 세우고 프로토타입을 만드는 등 아이디어를 실현하기 위한 준비를 했고 자신의 아이디어에 관심 가질 사람들을 스스로 찾아다녔다. 한번은 제이슨이 자신의 할 일 목록을 보여주었는데, 자유로운 마인드맵과 메모부터 타임라인까지 정해둔 일정들이 잘 정리되어 있었다. 평소 부드럽고 여유로워 보이는 제이슨이었지만, 준비를 그렇게 철저히 하고 있다는 것에 놀랐다.

마지막으로 그들의 성공적인 도전엔 '목적의식'이 분명했다. 도전에는 엄청난 열정이 수반된다. 그 과정의 고점과 저점을 견뎌낼 수 있고 일이 생각만큼 순조롭게 풀리지 않아도 하루하루 앞으로 나아가려면 또렷한 나만의 목적의식이 필요하다. 사람들은 "나는 지금 정말로 내가 열망하는 일을 하고 있어"라고 말할 수 있을 때 어떻게든 그것을 이뤄낼 방법을 찾고 만다.

2

창의적 통찰력 :
남들이 보지 못하는 것을 포착하는 능력

비전은 다른 사람에게는 보이지 않는 것을 보는 기술이다.

- 조너선 스위프트(작가)

상상력이라고 하면 흔히 《빨간 머리 앤》의 주인공 앤이 자신을 비련의 여주인공이라고 상상하며 눈물을 뚝뚝 흘리거나 역할극을 하며 친구들과 즐겁게 노는 모습, 영화 《인셉션》처럼 꿈의 겹겹을 파고 들어가는 이야기를 만들어내는 능력, 베르나르 베르베르의 공상과학 소설 등을 떠올리기 쉽다.

하지만 내가 하버드 사람들에게서 관찰한 상상력은 이와는 다르다. 단순히 현실에 존재하지 않는 가상의 것을 꿈꾸는 능력이라기보다 남들이 보지 못하는 것을 포착하고 세상을 변화시키는 비전을 만들어내는 '창의적 통찰력'에 가깝다. 나는 창의적 통찰력의 핵심 요소로 '질문', '비전 제시', '다양성'이라는 세 가지를 발견했다.

세상을 변화시키는 창의적 통찰력은 우선 의심하고 질문하고 새로운 대안을 제시할 수 있는 힘에서 나온다. 케네디스쿨에서 거시경제학을 가르치는 제프리 프랑켈Jeffrey Frankel 교수님이 같이 점심을 먹을 때 이런 말을 해준 적이 있다. "훌륭한 경제학자는 더 나은 답을 하는 게 아니라 더 나은 질문을 하는 사람이다." 주어진 문제에 대한 백 점짜리 대답을 찾는 것이 아니라 어떤 문제를 풀어야 하는지 모르는 상황에서 좋은 질문을 던지고 그에 대한 자신만의 대답을 찾는 것이 중요하다는 의미다. 하버드에서 수학하면서 좋은 질문을 던지는 사람들을 정말 많이 만날 수 있었다.

질문의 중요성을 이야기한다면, 하버드 리더십 수업에 대한 이야기를 안 할 수가 없다. 하버드 리더십 수업에서 학생들의 창의적 통찰력을 길러주기 위한 대표적인 방법이 질문과 토론이기 때문이다. 하버드 케네디스쿨은 세계를 이끌어나갈 리더들을 양성한다는 자부심에 걸맞게 리더십 수업이 정말 다양하다. 관리, 리더십 그리고 의사결정과학Management, Leadership and Decision Sciences의 줄임말인 MLD 수업이 1년에 60여 개가 넘게 제공되며 학생들은 학기 초에 샘플 수업을 들어봄으로써 자신이 원하는 수업을 선택한다. 샘플 수업 시간에도 학생들은 자신이 이 수업에서 무엇을 얻을 수 있을지 탐색하기 위해, 수업방식 등에 대해 활발하게 질문한다.

리더십을 가르치는 교수님들 중 가장 유명한 사람은 로널드 하이페츠Ronald Heifetz인데 국내에도 책이 여러 권 출간된 바 있다. 하버드 케네디스쿨에 있는 연구 센터 중 하나인 공공리더십 센터Center for Public Leadership를 창설한 사람이기도 하다. 그는 적응력 있는 리더십adaptive leadership을 강조한다. 국가나 조직이 마주한 문제가 '이미 해결할 능력이 있는 기술적 문제technical problems'인지, 아니면 '새로운 능력을 확보해야 하는 적응적 도전adaptive challenges'인지 구별하는 것이 리더에게 주어진 첫 번째 임무라는 것이다. 만일 후자에 해당된다면, 단순히 담당자를 찾고 과업을 지시하는 것으로는 문제를 해결할 수 없다. 그렇기 때문에 질문하는 힘이 중요하다. 좋은 질문으로 시작하지 않으면, 달리 말해 해결해야 하는 문제가 무엇인지 제대로 진단하지 못하면, 리더십은 발휘되기 어렵고 조직이나 집단은 힘들어진다.

창의적 통찰력을 기르고 싶어하는 하버드 학생들에게 하이페츠 교수님의 강의는 인기가 많다. 교수님이 방학에만 오픈하는 반짝 강의를 듣기 위해 많은 친구들이 봄방학도 반납한 채

학교에 남아 있는 모습이 아직도 기억에 남는다.

질문이 우리를 일깨운다

하버드에서 수업을 듣다보면 저래도 되나 싶을 정도로 수업 시간에 질문들이 많다. 그런데 더 신기한 것은, 그러한 질문들을 교수님이 장려하고 그 질문을 매개로 다른 학생의 대답을 이끌어내며 자연스럽게 토론의 장을 만든다는 것이었다. 심지어 〈리더십의 실제 : 권위의 행사Exercising the Authority〉라는 수업에서는 교수님이 말하는 시간이 5%도 안 될 정도로 학생들의 참여가 뜨거웠다.

한국의 수업 방식, 즉 선생님이 강의해주시는 걸 열심히 듣고 필기하고 질문이 있으면 적어두었다가 수업이 끝나고 가서 질문하는 형식에 익숙했던 나로서는 하버드의 이런 격동적인 수업 시간이 낯설었다. 언제 발언할 기회를 잡아야 하는지도 갈피가 안 잡혀 쩔쩔매기도 했다. 예전에 오바마 미국 대통령이 기자회견을 하며 질문을 받다가, 다른 국가에선 많이 질문했으니 한국 기자들에게 질문을 받겠다고 꼭 집어서 기회를 준 적이 있다. 그럼에도 아무도 질문을 하지 않아 정적만 흐르다가 결국 중국 기자가 질문을 했다는 것이 이 사건의 결말이다. 이 일화를 전해 들으며 '왜 그랬을까? 버락 오바마를 인터뷰하러 가면서 본인이 궁금한 건 하나도 준비를 안 했을까? 이건 정말 준비의 문제인데.'라고 안타까워했던 기억이 있다.

이스라엘에서 자란 친구 아드리엘과 이에 대해 대화하게 되었는데, 우리가 질문을 많이 안 하는 것이 수년간의 한국식 교육을 거치며 뿌리 깊게 자리 잡은 습관일 수 있겠단 생각이 들었다. 이스라엘 친구는 자기네 나라 사람들에 대한 재밌는 농담을 들려줬다. 이스라엘의 대학 수업에서는 교수님이 읽으라고 숙제를 내준 책에 대한 학생의 의견을 물어보면, '책을 읽지는 않았지만, 저자의 주장에 나는 반대한다'라고 대답하며 운을 뗀다는 것이다. 사회문화 속에 비판적 사고가 자연스레 내재되어 있다는 뜻이다.

이스라엘에서는 청년들이 일정 나이가 되면 모두 군대에 가서 복무해야 하는데 이때 실제 상황에서 문제해결력을 다양하게 발휘할 수 있도록 필요한 권한을 준다고 한다. 회의를 할 때 눈치 보지 않고 자유롭게 의견을 내는 것은 물론이다. 그래서 군대에서 복무하는 경험이 리더십을 테스트해볼 수 있는 실전 경험이자 사회에 나가서도 활용할 수 있는 자산이 된다고 한다.

코리아 트렉에도 참가했던 아드리엘은 실제로도 질문을 엄청 많이 했다. 그중에는 내가 당연히 여기고 살던 걸 다시금 새로운 시각으로 바라보고 탐구해볼 만한 질문들도 있었다. 예컨대 한국에서는 왜 쇠젓가락을 사용하냐는 것. 이 질문을 듣고 생각해보니 미국에 있는 아시아 식당에서는 거의 나무젓가락을 쓴다는 사실이 떠올랐다. 중국이나 일본 가정집에서도 나무젓가락을 주로 쓰는 것 같았다. 마땅한 대답이 떠오르지 않아 잘 모른다고 하고 넘어갔는데, 나에게는 왜 쇠젓가락을 사용하는지보다도, '그것을 궁금해했을 때 비로소 중국·일본과 달리 한국에서 쇠젓가락을 유독 많이 쓴다는 걸 알아차렸다는 사실'이 흥미로웠다. 즉, 질문이 우리를 일깨운다.

교사로 일하고 있는 친구들의 말에 따르면, 우리나라도 저학년일 때에는 학생들이 선생님에게 질문을 많이 한다고 한다. 또 선생님의 질문에 경쟁적으로 "저요! 저요!" 하면서 손을 드는데, 학년이 올라갈수록 학생들이 소극적으로 변한다고 한다. 우리나라의 교육과정이 어려운 문제에 대해 정해진 답을 짧은 시간 안에 찾는 능력으로 학생들을 평가하고 있는 것은 아닌가 하는 생각도 해본다. 하버드의 강의실에서 만난 세계의 인재들처럼 질문에 거침이 없으려면 지금의 아이들을 어떻게 교육하고 어떤 사회문화를 형성해나가야 할지 답이 나오는 것 같다.

설득의 첫걸음은 비전 제시

창의적 통찰력을 구성하는 두 번째 요소는 '비전 제시 능력'이다. 신기하게도 나는 하버드의 협상 수업에서 이를 깨달을 수 있었다. 그 수업 이후 세상을 이끌어가는 인재란 어떤 사람일까 물을 때 딱 처음 내게 떠오르는 이미지는 '비전을 제시하는 사람'이 되었다. 세상의 문제점을 발견하고 이를 창의적으로 해결하여 더 나은 세상을 만드는 데 일조하는 사람. 그렇게 더 나아진 세상을 그리는 상상력을 충분히 발휘하는 사람.

협상을 잘하는 것과 비전을 제시하는 것을 쉽게 연결하기는 힘들다. 흔히 뛰어난 협상가라고 하면 물러설 수 없는 조건을 잘 숨겨두고 상대의 조건을 예측하며 최대한 이득을 가져오기 위해 힘겨루기를 하는 이미지가 떠오르기 마련이다. 협상학 수업의 기본은 그렇게 시작하는 것이 맞긴 하다. 그러나 내가 하버드의 협상학 수업을 들으며 때론 놀랍게, 때론 소름이 돋을 정도로 감동을 받았던 협상가들은 의외로 상상력이 뛰어난 사람들이었다. 협상의 상대방과 내가 함께 도달할 수 있는 세상의 모습을 구체적으로 그리고, 그 세상으로 가자고 설득하는 것이 협상의 요체이기 때문이다.

하버드 로스쿨의 로버트 누킨Robert Mnookin, 비즈니스스쿨의 제임스 세베니우스James Sebenius, 케네디스쿨의 니컬러스 번스

Nicholas Burns는 《협상가 키신저Kissinger : the Negotiator》(국내 미출간) 라는 책의 공저자이자, 협상과 분쟁 해결 분야에서 사회에 지대한 공헌을 세운, 저명한 협상가에게 수여하는 '위대한 협상가상Great Negotiators Award'의 공동 운영자이다. 이 세 분이 협동 수업 형태로 가르치는 〈협상과 외교Negotiation & Diplomacy〉 수업은 공공 및 민간 부문에서 복잡한 분쟁을 해결하는 효과적인 방법으로서의 협상을 가르친다.

5%의 백인들이 95%의 흑인들을 통치하던 소수 지배의 법칙을 깨트리고 남아공의 최초 흑인 대통령으로 넬슨 만델라가 선출될 수 있도록 첫 불씨를 지핀 헨리 키신저의 로데시아(현 짐바브웨) 협상, 보스니아 내전을 종식시키기 위해 여러 민족과 NATO 그리고 미국 사이에서 살얼음판을 걷는 셔틀 외교를 펼치며 평화를 이끌어낸 리처드 홀브룩의 데이튼 협상 등 복잡한 분쟁을 창의적으로 해결해낸 사례들을 심도 깊게 배울 수 있었다.

수업에서는 이론적 측면에서 협상의 바이블이라고 여겨지는 '3D Negotiation' 전략, 즉 협상 테이블에서 상대와의 상호작용을 의미하는 '전술tactics'과 지속적 가치를 창출하는 협상 내용을 어떻게 만들어낼 것인지 체계적으로 다루는 '거래 설계deal design', 협상 당사자 간 직접 대면하기 전 최적의 조건과 상황을 만드는 '환경세팅set-up'의 개념들도 배운다. 하지만 수업에서 본질적으로 내게 와닿았던 부분은 협상가들이 지녔던 창의적 통찰력이었다. 그들은 현 상태를 그저 보고만 있지 않고 '현재 존재하지 않는 것'과 '존재하게 할 수 있는 것'을 고민했다. 모두가 현 상태를 인정하던 흐름을 벗어나 획기적인 사고로 새로운 가능성을 찾고 기회를 붙잡아 목적을 달성했다.

새롭게 도달할 수 있는 세계가 어떤 모습일지 그려내고, 그 비전으로 이해관계자를 설득하는 것, 위대한 협상가들이 갖춘 비전 제시 능력은 직장이든 친목 단체든 관계 속에서 살아가는 우리 모두에게 필요한 것이다.

창의성의 비결은 다양성

하버드 강의실에서 찾은 창의적 통찰력의 마지막 열쇠는 '다양성'이다. 창의력은 경험과 지식을 활용해 새로운 것을 만들어내는 능력인데 창의성이 발휘되려면 일단 보는 눈이 넓어야 한다. 여기에선 이렇게 하던데 저기에선 왜 이렇게 할까? 이런 식으로 비교가 되면 독창적인 아이디어가 떠오르기 마련이다. 독서와 여행을 권하는 이유도 내 안의 다양성을 확보하여 보는 눈을 넓힐 수 있기 때문이라고 나는 생각한다.

하버드는 다양성을 어마어마하게 중시한다. 입학사정위원회에서 학생을 선발할 때도 이 사람이 어떤 특이한 배경과 관점으로 학교 내에서 사람들과 상호작용할 수 있을지를 본다.

작가 에릭 와이너의 책 《행복의 지도》에 따르면, 창의성을 점끼리 잇는 것에 비유했을 때 점은 많을수록 좋다. 다만 다양성은 창의성을 증가시키는 장점이 있지만 한편으론 오해나 의심, 갈등을 일으키는 촉매제가 되기도 한다. 이 때문인지 내가 들었던 하버드의 리더십 수업 중에는 조직 안에서 다양성이라는 가치를 어떻게 관리하고 독려해 성과로 연결시킬 수 있는지 배우는 수업도 있었다.

하버드의 인재들과 함께 생활하다 보면 한두 가지 특출난 실력을 갖춘 다양한 사람이 모여 강력한 커뮤니티를 만든다는 말이 무엇인지를 실감할 수 있다. 박사를 꿈꾸며 대학원으로 바로 넘어온 학부생부터 3~5년의 커리어를 쌓고 들어온 사람들, 10년이 넘는 커리어를 가진 전문가들이 모여 좋은 배움의 장을 구성한다. 국적, 전공, 산업뿐 아니라 세대와 경력까지 다르다보니 다양한 관점을 공유해볼 수 있다.

4차 산업혁명이 경제사회에 미친 영향을 분석할 때에는 독특한 조합으로 활동한 적도 있다. 하버드 학부를 갓 졸업한 어린 친구, 리히텐슈타인공국의 장관으로 일했던 사람, 실리콘밸리에서 임팩트 투자impact investing(수익과 함께 사회적으로도 좋은 영향을 끼치는 사업에 투자하는 것) 일을 하던 사람이 같은 조에 배정되었다. 그동안 접해왔던 리서치 자료들이 산업 간 융합과 새로운 시장에 초점을 둔 것과 달리, 기술과 데이터의 결합이 그동안 불가능했던 공익사업을 가능하게 만들었다는 새로운 시각을 담아 발표했던 것이 기억에 남는다. 이렇듯 하버드에서 추구하는 다양성은 단지 입학 기준이나 모호한 가치만으로 끝나는 것이 아니다. 실제로 다양성을 갖춘 사람들과 뒤섞여 함께 토론하고 공부하면서 21세기에 필요한 인재로 성장한다는 느낌을 생생하게 느낄 수 있었다.

우리가 맞닥뜨리는 낯선 문제는 기존의 방식으로 해결하기 어려운 경우가 많다. 달리 말해 창의적인 방법이 필요한데, 문제의 복잡성만큼이나 다양한 분야의 지식과 지혜가 필요하다. 협업하는 상황에서 나와 다른 사람들을 불편하거나 어색하게 생각하기보다는, 그 사람의 다양한 면면을 이해하려고 노력하자. 우리 팀의 다양성을 높여주는 사람으로 대우할 때, 그 사람의 진가가 나타날 것이다. 개인 수준에서 내 안의 다양성을 확보하기 위해서는, 익숙하고 편안한 나의 좁은 세상에서 벗어나는 시도─예를 들면, 평소 관심갖지 않던 분야의 책을 읽거나 새로운 분야의 문화생활을 하는 것 등─를 추천한다. 내 안의 다양성이 높아지면, 타인의 다양성을 인정하는 능력도 올라간다.

따뜻한 배려, 어쩌면 강 건너에는 없을지도

다양한 사람들이 조화롭게 어울리는 하버드 케네디스쿨의 분위기도 소개해볼까 한다. 수업 시간에 팀별 과제로 조모임을 할 때면 책임감과 배려심, 문제 해결 능력이 갖춰진 조원들을 보며 항상 놀랍고 신기했다. 대학 시절 조모임을 할 때면 무임승차 하는 팀원 때문에 골치를 썩곤 했는데 여기선 역할 배분을 하면 모두가 제 몫을 훌륭히 해올 뿐 아니라 다른 사람의 과제에도 아낌없이 피드백을 해준다. '아무도 무임승차자가 아니라면 당신이 무임승차자일 수 있다'라는 말이 있어서 혹시 내가 그런 것은 아닐까 하는 생각에 나의 몫을 다하려고 열심히 노력했다.

치열하되 따뜻함과 배려가 함께 존재하는 케네디스쿨의 분위기가 하버드대학교의 전체적인 분위기는 아닐지도 모르겠다. 다양성과 관련한 수업을 하셨던 교수님은 하버드 비즈니스스쿨과 케네디스쿨에서 모두 강의하시는 분이었는데 찰스강을 사이에 둔 두 곳의 문화 차이를 재밌게 설명해주신 적이 있다.

일단 비즈니스스쿨은 수업 시간이 되면 문이 잠기고 지각생은 들어올 수 없다. 성적을 매길 때 수업 참여의 비중이 50%라 학생들은 발언권을 얻기 위해 매시간 피 터지게 경쟁한다. 1분 1초에 얼마나 큰 가치를 두는지, 시간 엄수를 얼마나 중요하게 생각하는지, 경쟁은 얼마나 차가운지 간접적으로 느낄 수 있다. 케네디스쿨에서도 당연히 제때 수업에 들어가야 하지만, 그렇다고 해서 늦게 들어오는 학생의 입장을 막지는 않는다. 적극적인 수업 참여는 장려되나 성적에 반영되는 비중은 20% 내외로 상대적으로 부담이 적다. 더 나은 세상을 만들고자 하는 공공의 목표를 가진, 마음은 착하지만 이상적인 케네디스쿨 학생들과 현실적이고 비즈니스 마인드에 충실하고 계산이 빠른 비즈니스 스쿨 학생들은 서로 "강 건너편에서는……"이라는 표현을 자주 쓰곤 한다.

하버드 수업 간접체험 1

〈인적자원 및 조직 성과 관리론〉

Maximizing Human Capital and Organizational Performance

✦

　조직 내에서 사람들 개개인의 성과 관리뿐 아니라 팀 단위로 더 고차원적이고 효과적으로 목표를 달성하도록 독려하려면 어떤 가치들을 장려하고 조직문화로 만들어야 할지 배우는 〈인적자원 및 조직 성과 관리론〉이란 수업이 있었다. 이 수업에서 한 사고 실험을 통해 '새로운 시각으로 던지는 질문'의 중요성을 뼈저리게 느꼈다.

　사고 실험은 다음과 같다. 즉석에서 4명 내외의 조를 구성한다. 각 조는 레이싱팀의 오너로서 15분간 현 상황을 분석하여 레이싱카를 시즌 피날레 경기에 내보낼지 여부를 결정해야 한다. 결정에 필요한 자료는 충분히 주어진다. 실험 데이터와 이해 관계자들의 입장, 레이싱카 개발에 들었던 비용, 성공적으로 트랙을 돈 경우 홍보 효과로 발생하는 수입 등 자료 구성은 다양하다. 교수님은 더 필요한 자료가 있으면 어떤 것이든 말하라고 했다.

우리 조는 주어진 자료를 열심히 분석하기 시작했다. 현재 회사는 레이싱 경기 투자로 9500만 원가량 적자인 상태다. 시즌 피날레 경기에 참가하기 위해 낸 참가비는 3500만 원이고 경기 불참 시 50%를 환불받는다. 후원사에게 이번 경기를 위해 5천만 원가량 후원받았고 경기 불참 시 후원금의 62.5%를 물어내야 한다.

시즌 피날레에서 최고 5위권 안에 결승점을 통과한다면 내년 한 해 열리는 모든 경기에 대한 후원을 받을 수 있으며, 새로운 레이싱카 한 대를 더 개발하는 비용도 확보할 수 있다. 레이싱을 성공적으로 끝내면 일생일대의 기회가 주어지는 것이다.

그런데 경기에 나갔다가 혹시나 엔진 고장이 발생하면 후원은커녕 현재 확보해놓은 9억 원의 정유 홍보대사 계약도 날아간다. 해당 레이싱카는 영상 11도에서 27도까지의 환경에서 총 24회의 레이싱 경기를 나갔는데 그중 7회는 엔진 고장으로 완주를 하지 못했다. 하지만 완주를 했던 17회의 경기 중 13회는 최고 5위권 안에 드는 성적으로 경기를 마무리했다. 엔진 고장의 원인은 아무도 모르며 경기 날 온도와의 상관관계도 들쭉날쭉하다.

오늘의 날씨는 영상 4도, 한 시간 내에 경기가 시작된다. 여러분은 어떻게 하겠는가? 레이싱카를 경기에 내보낼 것인가, 경기 불참을 선언할 것인가.

우리 조는 레이싱 경기 출전을 결정했다. 우선 엔진 고장과 온도와의 상관관계가 없다고 판단하였기 때문에 영상 4도에서 엔진 고장이 날 확률이 낮아 보였다. 또한 이는 다음 시즌 후원을 확보하기 위해 충분히 감수할 수 있는 리스크라고 생각했다.

수업에 참여했던 10개 조 중 9개 조가 출전을, 1개 조가 불참을 선언했다. 이어진 교수님의 말이 충격적이었다. 1986년 1월 28일, 승무원 7명이 탄 미국의 우주왕복선 챌린저호가 발사 73초 만에 폭발했던 그날 아침, 미항공우주국(NASA)의 결정도 9개 조와 똑같았다는 것이다.

우리는 경악을 금치 못했다. 모든 주어진 자료를 다 분석해서 합리적인 결정을 내렸다고 생각했는데! 우리는 역순으로 우리가 왜 이런 결정을 내렸는지 따져보기 시작했다. 그리고 불참을 선언한 조의 의사결정 과정도 들었다.

불참을 선언한 조는 주어진 데이터만 가지고 결정한 것이 아니었다. '엔진이 고장 났던 날 온도 말고 성공적으로 완주했던 날들의 온도는 어땠지?' 새로운 시각에서 질문을 던진 것이었다. 그 결과 성공적으로 완주한 날은 온도가 17도 이상이었다는 사실을 알게 됐고 이로 인해 4도인 날에는 엔진이 제대로 작동하지 않을 확률이 높다는 결론을 도출할 수 있었다.

이 케이스 스터디를 통해 NASA 엔지니어들의 수직적 문화, 엔지니어와 정책 결정자 간 상호이해 부족, 매몰 비용과 정치적 성과에 대한 압박 등 다양한 다른 행동심리학적 시사점들을 풍부하게 배울 수 있었다. 그러나 수업 중에도, 수업이 끝나고도 내게 공명해오던 진정한 깨달음은 불참을 선언한 조가 보여준 '질문의 힘'이었다.

3

실행력 :
망설이지 말고 지금 당장!

당신이 할 수 있거나 할 수 있다고 꿈꾸는 그 모든 일을 시작하라.
새로운 일을 시작하는 용기 속에 당신의 천재성과 능력,
그리고 기적이 모두 숨어 있다.

- 요한 볼프강 폰 괴테(작가, 철학자, 행정가)

미국의 역대 대통령 중 가장 존경받는 인물 상위 랭킹에 꾸준히 등극하는 프랭클린 루스벨트는 취임 직후 뉴딜 정책을 과감하게 추진했다. 그는 이제는 돌아갈 수 없는 대공황 이전 시절을 그리워하며 괴로워하고 있는 사람들에게, 과감하게 새로운 정책적 처방을 내려 미국을 구한 것으로 평가받는다. 하버드 동문이기도 한 루스벨트는 실행에 있어 가장 중요한 요소인 시도를 매우 강조한다. "어떤 방법을 선택한 다음 그것을 시도하

는 것이 기본이다. 그 방법이 실패하면 솔직하게 인정하고 다른 방법을 시도해야 한다. 어쨌거나 중요한 점은 어떤 것이든 시도를 해야 한다는 사실이다."

아이디어가 떠올랐거나 목표가 생겼을 때 에너지를 확 쏟아서 일단 시도해보는 것을 좋아하는 내가 분석적이고 치밀하게 계획을 세운 후에야 움직이는 남편을 설득할 때 자주 하는 말이 있다. "일단 해보자! 안 되면 말지 뭐!" 하버드에 와서 여러 친구들을 관찰해보며 생각을 행동으로 옮기는 실행력의 매력에 더욱 빠져들게 되었다.

하버드 연구센터 중에 '사회 혁신과 변화 이니셔티브Social Innovation and Change Initiative(SICI)' 센터가 있다. 여기에서는 사회문제를 해결하고자 창업을 꿈꾸는 학생들을 에이드리언 챙 펠로우Adrian Cheng Fellow(홍콩의 사업가 챙이 후원한 장학기금의 수혜자로 선정된 장학생)로 선발한다. 펠로우들은 '너무 불가능하고 너무 이르고 너무 원대하다'라는 이유로 평가절하되었던 아이디어를 실제로 구현해낼 수 있도록 여러 방면으로 지원받는다. 나는 이 센터에서 학생 조교로 일하면서 펠로우들이 어떤 프로젝트를 구상하고 어떻게 실제 구현까지 해내는지를 관찰할 수 있었다.

실행만이 세상을 바꾼다

15명의 펠로우들은 자신이 어떤 사회 문제를 해결하고 싶은지 관련 생태계와 근본적인 원인을 데이터에 기반해 정의한다. 그 문제를 해결할 때 개인과 지역사회, 세계에 가져올 변화의 구체적인 예와 비전을 제시할 수 있어야 함은 물론이다. 이들은 '사회 혁신 선도가Social Innovation Accelerator'로 불리며 1년간 주 단위로 짜인 프로그램에 참여한다.

센터는 이들이 가진 아이디어와 유사한 분야에서 실질적으로 변화를 이끌어가는 사람들을 초청하여 세미나와 멘토링을 제공한다. 학생들은 이를 통해 자신이 갖고 있던 창업 아이디어를 구체화하고 발전시켜 나간다. 아이디어가 프로젝트 형태로 체계를 갖추고 나면 이를 발표하고 피드백을 받는 게이팅 메커니즘 데이Gating Mechanism day, 즉 잠재적 투자자들과의 네트워킹 시간을 거쳐, 졸업을 앞둔 4월에 대대적인 쇼케이스 행사를 연다. 이 자리에서 최종 프로젝트 결과물을 발표하고 투자를 받는 것이다.

학생들이 졸업과 함께 실제 만들어낸 결과물들은 놀랍다. 태평양 섬 주민들의 식단을 개선하고 소득 창출의 수단을 마련해준 수경재배 정원 프로젝트, 블록체인 기술을 도입해 인도 지방정부의 금융 거래에 투명성을 확보함으로써 폐기물 처리 문제를 해결한 프로젝트, 나이지리아에서 저소득 환자들도 활용할 수 있는 편리하고 질 좋은 의료진단센터를 보급하는 프로젝트 등이 있다. 마지막 사례의 경우 첫 번째 센터가 보급되고 나서 6개월 동안 만오천 명이 넘는 환자들이 혜택을 봤으며, 현재 UNDP(United Nations Development, UN의 개발도상국 원조계획을 조정하는 국제기구)와의 협력 하에 프로젝트가 다른 지역으로도 확장되고 있다.

막상 해보면 생각보다 쉽다

생각을 행동으로 옮기는 것에는 강력한 힘이 깃들어 있다. 하버드 학생들이 거창한 아이디어의 무게에 눌린 채 실행 후의 모습을 구체적으로 그려보지 못했다면 세상을 변화시키는 이들의 프로젝트는 탄생조차 할 수 없었을 것이다. 굳이 세상을 변화시키는 차원까지 갈 필요도 없다. 우리가 개인적인 차원에서 새로운 변화나 성장을 꿈꿀 때도 마찬가지다. 일단 선택하고 뛰어들어보자. 흔히 우리는 무엇인가를 하려면 완벽한 계획을 만들고 모든 것을 완벽히 준비해야 한다는 생각에 스스로를 옭아맨다. 그러나 그걸 준비하는 과정에서 실행은 미뤄지기 쉽고 타이밍을 놓쳐버리기도 한다.

물론 실천하는 과정이 수월할 리 없다. 많이 힘들고 생각만큼 잘 풀리지 않을 수 있다. 하지만 자신감을 갖고 우물쭈물하지 말고 달려 나가보면, 그 과정에서 나에게 유리한 우연들이 나타날 수도 있고 행운을 발견할 수도 있다. 실제로 시도한 것이 잘 안 되고 실패하더라도 최선을 다했다면 그것으로 괜찮다. 지금은 비록 시간 낭비한 것처럼 보이더라도 나 자신을 더 잘 알고 미래의 손실을 최소화하는 계기가 되기도 하니까. 이 경험을 통해 훗날 내게 올 기회를 잡을 수도 있다. 인생은 성공으로만 점철되어야 하는 건 아니기에, 살면서 다양한 시도를 해보며 성공의 기쁨도 느끼고 실패의 쓴맛도 보는 것만으로도 삶의 묘미는 충분하지 않을까.

자신이 좋아하는 일, 하고 싶은 일로 커리어 변신을 꾀하는 사람들의 사례를 모아 《원하는 인생으로 점프하라》란 책을 펴낸 마이크 루이스는 해보지 못한 것에 대한 후회가 실패해서 생기는 고통보다 항상 더 클 것이라고 강조한다. 잠재력을 꽃피우기 위한 시작점은 바로 실행이다. 쉬면서도 스트레스를 받는 미루기의 제왕들에게도, 막상 착수해보면 생각보다 할 만한데? 라고 느낀 경험이 한 번씩은 있을 것이다. 에이, 이런 거였어? 진작에 할 걸! 이라고 말하면서 싱겁게 할 일을 마친 경험들을 항상 떠올리자. 막상 해보면 쉽다.

실행력을 높이는 방법, 단순함

뭔가 끌리는 게 있으면 당장 시도해보는 나에게 많은 분들이 하시는 말씀이 있다. "그거 잘 안 되면 어떻게 하려고? 아, 정말 별생각 없이 그냥 해본 거구나?" 그렇다. 그렇게 이 책이 탄생했다. 하버드를 소개하는 책을 한 권 써볼까 하던 중 "시작하는 방법은 말을 멈추고 행동하는 것이다"라는 월트 디즈니의 명언을 접했고, 그래서 바로 원고를 쓰기 시작했다.

실행력을 높이기 위해서는 단순해져야 한다. 실행력을 높이기 위해 내가 늘 생각하는 '단순함'의 중요성을 독자분들께 소개해볼까 한다. 우리가 시험을 준비하든, 큰 여행이나 행사를 준비하든, 그 여정에는 무수한 우발 변수들이 존재한다. 그 변수들이 계획한대로, 무탈하게 잘 넘어갈 확률이 100%인 경우는 우리가 사는 현실 세계에서는 거의 없다.

시험을 가정해보자. 목표하는 시험에 합격하기 위해 D-100일까지 계획대로 진도를 다 나갈 확률, D-50일에 모의고사 성적을 받고 좌절하지 않을 확률, D-30일에도 교제하던 사람과 원만한 관계를 이어나가 수험생활에 지장이 없을 확률⋯ 이 모든 확률을 고려하면, 모든 사람들이 시험 준비를 하지 않아야 한다. 왜냐하면 99%의 확률로 자잘한 일들이 손쉽게 해결된다고 가정하더라도, 장애요인이나 고려사항이 20가지이면 0.99의 20승으로 달성 확률은 약 81%가 되고, 고려사항이 100가지라면 1%라는 작은 실패확률들로 인해 최종목표달성 확률은 약 37%의 확률로 낮아진다. 바꿔말하면 63%의 확률로 실패한다는 분석이 나온다.

이렇게 생각하면 우리는 다이어트, 운동, 자격증, 여행, 연애 그 어떤 것도 시도하기 어려워진다. 너무 골치 아플 뿐만 아니라 뚜렷한 숫자로 다가오는 실패의 확률 앞에서 내가 작아지기 때문이다. 모든 변수를 생각하고 계산해보려고 하면 머리는 무거워지고 몸은 굳는다.

단순하게 생각해야 한다. 단순함에는 강력한 힘이 있다. 내가 무엇을 하고 싶고 어떤 사람이 되고 싶은지, 그것을 이루기 위해서는 무엇을 알아보고 실행해야 하는지, 주의하거나 피해야 하는 것은 무엇인지, 그것만 생각하면 된다. 목표를 달성한 내 모습을 뚜렷하게 상상하고 그것을 무의식적으로 수시로 떠올리자.

실행력을 높이기 위해서는 너무 복잡하게 생각하지 말고 실패확률에 집착하지 않아야 한다. 아주 작은 확률의 차이가 중요한 파생상품 시장이나 프로 포커 플레이어의 세계도 있긴 하다. 그러나 시도하고 실행하기 전에 그 작은 확률의 차이를 계산만 하고 있는 것은, 어쩌면 우리의 행동으로 달라질 수 있는 현실 세계의 무한한 가능성을 성급하게 막아버리는 것일지 모른다. 작은 과제들을 해결하기 위해 하나하나 실행하다 보면, 문제들은 생각보다 술술 해결될 수 있다.

인터넷에 올라온 피겨 여왕 김연아의 유명한 인터뷰 장면이 있다. 무슨 생각하면서 스트레칭을 하냐는 질문에, "무슨 생각을 해… 그냥 하는 거지"라고 웃으면서 답하는 장면이다. 복잡하게 생각하지 말고 단순하게, 그냥 해보자. 실행력을 높이기 위한 그 모든 자기관리 노하우를 뛰어넘는 것은 실행 그 자체다. Just do it!

하버드 수업 간접체험 2

〈국제개발의 적용과 사례〉
Applications and Cases in International Development

✦

"만일 당신이 실패해보지 않았다면, 그것은 자신의 한계까지 도전해보지 않았다는 뜻입니다."라는 한 문장의 울림만으로 나는 이사벨 게레로의 특강을 잊지 못할 강의로 기억한다. MPA/ID 과정의 필수과목 중 하나인 〈국제개발의 적용과 사례Applications and Cases in International Development〉는, 세계은행의 컨설턴트로 일하며 20년간의 국제개발 실무 경험을 보유한 마이클 왈튼Michael Walton 교수가 케이스 스터디 및 연사 초청 중심으로 운영하는 수업이다. 이사벨 게레로는 세계은행 부총재를 역임하고 지금은 IMAGO라는 회사를 공동 설립하여 개발도상국 시민들의 자발적·자생적인 지역사회 발전 활동을 지원하고 있다.

"칠레에서 온 사람 손 들어보세요. 페루에서 온 사람은 요?"라고 이야기를 시작한 그녀는 페루의 길거리에서 채소 파는 여인의 사진에서 국제개발에 대한 열정을 처음 가지게 되었다고 했다. 학부와 대학원에서 경제학을 공부한 것도 경제학이 세상을 바꾸는 도구가 된다는 믿음 때문이라면서.

게레로는 대학원 과정을 마치고 세계은행의 YP Young Professional 과정에 지원했다. YP 과정은 석사나 박사급의 32살 미만 신입사원을 뽑는 세계은행의 정규 채용 프로그램이다. 게레로는 인터뷰에 갔을 때 박사과정을 밟고 다시 지원하는 것이 어떻겠냐는 말을 들었다고 한다. 그녀의 대답은 어땠을까? "나는 지금 일할 준비가 되어 있습니다. 박사학위를 따면 이곳에 오지 않겠죠."라고 직감이 오는 대로 당차게 대답했고 결국 합격했다. 자신의 직감을 믿고 과감히 시도한 결과였다.

그녀가 세계은행에서 처음 맡은 일은 구조조정차관 Structural Adjustment loan 업무였다. 개발도상국들의 경제시스템에 대한 연구를 선행하고 그 결과에 따라 해당 국가에 변화된 시스템을 제안하면서 동시에 경제적으로 이를 지원하는 업무였다. 하지만 경력이 쌓여가면서 개발 업무에는 만병 통치약이 없다는 사실을 깨달았고 이는 곧 그녀가 IMAGO 를 창업하는 계기가 되었다고 한다.

게레로는 목적의식이 분명했다. 세계은행이 최종 목표 가 아니라 세계은행이라는 훌륭한 플랫폼을 활용해 빈곤 국가를 돕겠다는 자세로 일했다. 경제학 공부만으로는 어 떤 국가를 돕는 능력에 충분치 않다고 판단하여 정신분석 학 박사과정도 밟았다고 했다. 빈곤은 우리가 흔히 생각하 듯 집이 없어서 또는 음식이 없어서가 아니라 현 상황을 바 꿀 능력을 갖추지 못한 것에서 온다는 말에 소름이 돋았다.

그녀는 변화를 위해서는 3가지 질문에 답할 수 있어야 한다고 말했다. 어떤 잠재력이 있는가, 그 잠재력의 실현을 방해하는 것은 무엇인가, 그것을 극복하기 위해 특별히 당 신이 할 수 있는 것은 무엇인가. 그리고 우리들에게 당신 안 에 무엇이 있는가를 묻고 그 답을 찾는 것이 중요하다고 강 조하였다.

사진 한 장에서 얻은 직감으로 세상의 빈곤을 없애고 싶다는 신념을 갖고 그 신념을 도전으로 연결시켜 세계은행을 거쳐 창업까지 한 이사벨 게레로. 그녀의 강연은 잠재력을 꽃피우기 위해서는 반드시 '실행'을 해야 한다는 것을 일깨워준 멋진 강연이었다. 뭔가를 꿈꾼다면, 그것을 꿈꾼 당신의 가능성과 직감을 믿어라. 그리고 꿈을 위해 필요한 행동에 나서면 된다.

4

원칙 있는 인내 :
때로는 열정적으로, 때로는 강단있게

어떤 일을 달성하기로 결심했으면
그 어떤 지겨움과 혐오감도 불사하고 완수하라.
고단한 일을 해낸 데서 오는 자신감은 실로 엄청나다.

– 아놀드 베넷(영국 소설가)

소설 《미드나잇 라이브러리》를 보면 주인공 노라의 일생에서 가능한 모든 삶의 버전들이 한 권씩 책으로 구성된 도서관이 등장한다. 하버드에 온 학생들 개개인을 보면 마치 도서관에 있는 수많은 책들을 구경하는 것 같이 엄청나게 다양한 삶의 가능성들이 보인다. 졸업한 동문들만 봐도 금방 알 수 있다.

결국에는 해내는 친구들

카자흐스탄의 공기업 직원이던 칼리는 국제개발 업무에 대한 꿈을 갖고 하버드에 왔다. 통계학과 경제학을 다 알아야 하는 계량경제학을 공부하면서 어렵지만 그래서 재밌다며 눈을 반짝이던 그녀는 매일 도서관에서 계량경제학 연습문제와 씨름하였다. 그녀는 졸업 후 세계은행에서 기후변화 문제 대응을 위한 탄소중립 업무를 하는 컨설턴트가 되었는데, 내게 세계은행에 갈 수 있었던 비결은 계량경제학을 공부하며 얻은 분석능력이라고 이야기했다.

공학을 전공한 컨설턴트로 일하다 케네디스쿨에 온 클레어는 컨설팅 업계에 있을 때에도 제한적인 분야에서만 일을 했고, 국제개발 업무에 대해서는 하나도 모르는 문외한이었다. 그렇지만 국제기구에서 일하고자 하는 강렬한 열망이 있었고 그것을 위해 케네디스쿨에서 누구보다 자신의 부족한 것들을 열심히 채워나갔다. 난 클레어와 친하게 지내며 자주 교류하였는데 만날 때마다 어떤 것이 자신의 약점이고 그것을 어떻게 극복해내고 있는지를 수시로 공유해주었다. 자신의 부족한 것들을 찾아내어 마주하는 과정은 피하고 싶은 고통스러운 과정이다. 그 과정을 묵묵히 해내고 여름방학 동안 르완다와 에콰도르에서 인턴을 하며 국제개발 업무의 현장을 찾아다닌 결과, 그녀는 지금 국제개발기구인 IMF에서 애널리스트로 일하고 있다.

내가 하버드에서 관찰한 학생들은, 마음먹고 노력하면 자신이 해낼 수 있는 일이 무엇인지를 알고 그것을 위해 열심히 노력하는 사람들이다. 우리는 모두 존재만으로도 잠재력 덩어리다. 잠재력을 지니고 있는 것과 잠재력을 발휘하는 것의 차이는 내가 가진 아이디어를 실현해내기 위해 다양한 자료를 찾아보고 실행해보는 노력, 힘들 때도 굴하지 않고 버티는 근성에서 비롯된다. 하지만 결과를 만들기 위해서는 이에 덧붙여 꼭 필요한 무언가가 있다. 2016년 세상에 출간되어 돌풍적 인기를 일으킨 안젤라 더크워스의 명저 《그릿》 덕에 이 무언가는 열정과 인내의 복합적인 힘을 뜻하는 '그릿GRIT'으로도 정의가 가능해졌다.

안젤라 더크워스는 하버드대학교에서 신경생물학 학사, 옥스퍼드대학교에서 신경과학 석사를 취득하고 맥킨지에서 컨설턴트로 고액연봉을 받으며 일하다 자신의 소명이 아이들을 가르치는 일임을 깨닫고 뉴욕시 공립고등학교의 교사로 새 길을 찾았다. 학생들에게 수학을 가르치던 그녀는 학생들의 성적이 단순히 지능지수(IQ)에만 달려 있지 않다는 점을 깨닫고 '인생에서 성공하기 위해서는 재능이나 성적보다 훨씬 더 중요한 요소가 있다'라는 자신의 가설을 연구하기 위해 펜실베이니아대학교에서 심리학 박사과정을 밟았다. 그녀는 긍정 심리학의 창시자 마틴 셀리그먼 교수의 지도를 받으며 장기적 목표를 향해 오래 나아갈 수 있는 열정적 끈기의 힘을 규명하여 세상에 설파했다.

원칙, 충동과 몰입할 대상의 구별

《그릿》에서 더크워스는 스스로 그릿을 기르는 방법으로 4가지를 강조한다. 4가지는, 자신의 관심사가 무엇인지를 분명하게 파악하여 열정의 대상 찾기, 단점을 보완하고 피드백하는 의식적인 연습, 사회에 좋은 영향을 주는 것과 같은 높은 목적의식, 그리고 역경이 있더라도 다시 딛고 일어나는 회복탄력성이다.

내가 이 챕터의 제목을 '원칙 있는 인내'라고 붙인 데에는 이유가 있다. 원하는 것을 발견했다고 하여 그것을 인생을 걸고 달성해야 하는 목표로 착각하고 될 때까지 좇는 위험성을 경계해야 하기 때문이다. 무슨 말이냐 하면, 충동처럼 어느 순간 다가온 영감을 계속 똑같은 모습으로 붙들고 있는 것과 '열정의 대상 찾기'를 구분해야 한다는 것이다.

우리가 흔히 하버드 학생에 대해 갖는 이미지는 본인이 세상에서 하고자 하는 일을 확신하고 자신감에 넘치는 모습이다.

하지만 이는 착각이다. 하버드에 수학하러 온 학생들 역시 자신이 하고자 하는 일에 대한 열정을 확실히 알지 못한다. 물론 입학을 지원하는 에세이에는 자신이 살아온 인생과 목적의식에 대해 그럴듯하게 풀어냈겠지만 그들도 방황하고 시행착오를 겪는다. 명확한 열정과 목표를 갖고 케네디스쿨에 왔다가, 2년 동안 여러 가지 시도를 해보고 새로운 경험을 해보며 본인들도 미처 몰랐던 새로운 열정을 발견하는 경우가 대부분이다. 따라서 열정은 어느 순간 내게 생기는 것이 아니라 광산에서 광석을 캐내듯이 파 들어가 발굴한 다음, 발전시키며 평생 심화시켜 나가야 하는 것이다.

하버드 친구들과 교류하면서 남편이 놀랍다고 여긴 부분이 있다. "확고한 목표를 향해 질주할 줄 알았는데 생각보다 사람들이 목표를 자주 바꾸네?"라는 것이었다. 그리고 이 질문에 대해 아르헨티나에서 온 파비오는 "가능성이 있는 것과 몰입해야 할 것을 구별하는 게 쉽지 않잖아. 그 때까지는 열심히 탐색해봐야지"라고 답해주었다. 다양한 분야에서 일하며 자신의 진정한 관심사를 탐색하던 파비오는 현재 인공지능AI 스타트업의 창업자로 일하고 있다.

고시 공부를 오래 한 남편은 목표를 쉽게 바꾸거나 포기하는 것은 바람직하지 않다고 생각하는 바람에 적성에 잘 맞지 않음을 깨닫고도 오기를 부려 수험기간이 길어졌다고 회고한다.

시험 준비를 그만두고 취업 준비를 하면서 비로소 세상에 이렇게나 많은 진로가 있었구나 하는 것을 느꼈다고 한다. 시험을 준비하기 전에 더 활발하게 진로 탐색을 하면서 진정한 자신의 관심사와 적성의 교차점을 찾았더라면 더 알맞은 진로를 찾았을지도 모른다.

요약하면, 어려움을 극복하며 인내심을 보여주는 데에는 조건이 있다. 바로 가능성이 있는 여러 분야 중에서도 몰입할 분야를 구별해야 한다는 원칙이다.

인내, 이기는 습관을 기르자

아이가 자랄 때 열정을 남다른 성과로 만드는 의식적 연습을 하도록 어떻게 이끌 수 있을까? 하버드 친구들을 관찰하면서 이에 대한 답을 찾을 수 있었다. 그 답은 바로 그들이 어렸을 적부터 키워온 '이기는 습관'이다. 단순히 경쟁에서 이기는 걸 의미하는 게 아니다. 노력하고 스스로 통제력을 발휘하며 자유의지로 뭔가를 성취한 경험을 의미하는 것이다. 한 번이라도 자발적으로 어려움을 견뎌내며 열심히 노력하여 무언가를 성취해본 사람은 다시 이기고 싶은 욕심이 생긴다. 성취감과 즐거움을 동력 삼아 꾸준히 노력하다 보면 동기부여가 저절로 되고 연습을 거듭하다 보면 잘하는 방법을 터득해 습관화가 된다.

내 경우에는 영어가 의식적 연습의 사례에 해당하지 않았나 싶다. 나는 국내파이고 충주에서 유년기를 보내며 중학교까지 다녔기에 강남 학원가 스타 강사의 영어 수업을 들은 것은 아니다. 그런 내가 높은 토플 점수를 받고 내 의사를 영어로 표현하는 데 익숙해질 수 있었던 것은 내 관심사를 일찍이 발견하고 영어 실력으로 이어지게 북돋워준 어머니 덕분이다.

나는 어렸을 적부터 유독 동화와 이야기를 좋아했다. 이런 나에게 어머니는 영어로 된 디즈니 애니메이션 비디오를 틀어주셨고《해리 포터》시리즈의 1, 2, 3권을 한글로 사주신 다음에는 나머지 시리즈를 원서로 사주셨다. 책을 읽지 않고는 못 배기게 만드신 것이다. 이후의 스토리가 뭔지 한껏 궁금해진 나는, 모르는 단어가 너무 많아 낑낑대면서도 사전을 찾아가며 결국 책을 다 읽어냈다.

이때 모르는 것을 찾아 이해하려고 했던 의식적 노력이 영어 실력 향상에 큰 도움이 되었다. 원서와 함께 책 속 인물들의 목소리가 녹음된 테이프도 왔는데, 자기 전 침대에 누워 프리벳 가의 가로등 불이 하나씩 꺼지고 안경테 모양의 줄무늬 고양이가 살금살금 걸어오는 이야기를 들으며 잠들곤 했다. 테이프만 듣고 상상 속의 이야기를 이해하는 것은 어려웠다. 그래서 내가 이해하지 못한 부분들을 찾아 책으로도 읽어보고 몇 번을 다시 듣기도 했다. 테이프 속 성우처럼 책을 읽어보겠다고 아침마다 일어나 큰소리로 영어책을 읽기도 했고, 아껴두었던 새 공책에 원서를 한글로 번역하여 써보기도 했다.

아버지도 영어에 친근한 문화를 만드는 데 일조하셨다. 명절을 맞아 대전 큰집에 가거나 우리 가족끼리 여행을 갈 때면 미리 사두신 팝송과 해설 테이프를 틀어주시곤 했다. 아바의 〈댄싱 퀸〉이 차에 울려 퍼지면 일곱 살 터울의 남동생과 뒷자리에서 목청껏 따라불렀다. 자연스럽고 재미있게 영어와 친해진 이후에는 어렴풋하게 알던 것을 명확하게 알기 위해 내가 모르는 부분을 더 파고들어 공부하게 되었다. 대충 노래를 흥얼거릴 때와 달리, 내가 잘 모르는 부분을 마주하는 일은 힘들고 스트레스 받는 일이기도 했다. 그렇지만 조금씩 더 아는 게 많아지고 있다는 성취감을 느꼈기에 영어공부를 계속 할 수 있었다.

금융교육에서도 이기는 습관을 길러줄 수 있다. 하루는 세미나를 다녀온 남편이 나이 많은 캐나다 출신의 펀드 매니저에게 끝내주는 금융교육 방식을 들었다며 흥분했다. 그 방법을 소개하자면 다음과 같다.

자녀에게 소액의 용돈을 주고 돈을 잃어도 좋으니 단기성과에 연연하지 말고 스스로 1년짜리 투자 원칙을 세워 주식투자를 해보라고 권하는 것이다. 원칙을 지키고 수익을 얻으면 수익의 2배만큼을 매칭시켜 투자금을 더 주고 손실을 보더라도 원칙을 지켰으면 연말에 부모가 손실을 보전해준다고 약속한다. 단, 원칙을 어길 경우에는 수익을 보더라도 매칭펀딩이 이루어지지 않고 손실보전도 이루어지지 않는다.

이렇게 투자 약정을 하면, 자녀는 스스로 지킬 수 있는 원칙을 세우려고 공부를 하고, 또 그 원칙에 입각하여 장기적인 투자를 하는 연습을 하게 된다는 것이다. 스스로 통제력을 발휘하면서 장기적인 투자에 성공하는 경험을 쌓게 해주는 방법이라고 한다. 최근 자녀에게 경제적 관념을 심어주고 금융교육을 해주려는 부모님들이 많이 생겨나고 있는데, 그분들께 적극 권하고 싶은 방법이다.

높은 목적의식 갖기, 이타심은 힘이 세다

더크워스가 말하는 '이타심을 기초로 한 더 높은 목적 의식'이란 어떤 걸까. 이것을 이해하기 위해서는 하버드 케네디스쿨이 어떤 인재를 뽑는지를 살펴보면 좋다. 학교는 지원자의 '공익에 대한 열정', 즉 사회적으로 어떤 기여를 해왔는지 그리고 졸업 후 어떤 것을 하고 싶은지에 대한 포부를 관심 깊게 본다. 영어 실력과 학습 역량은 물론이며 리더십과 케네디스쿨의 다양성을 살리기 위한 흥미로운 이력이나 경험을 가졌는지도 본다. 토플, 그리고 GMAT 또는 GRE 성적과 함께 학부 성적 증명서에서 기본적인 학습 능력이 있는지를 판단하고 나면, 이타심을 기초로 한 높은 목적의식을 갖고 있는지 여부는 에세이와 추천서에서 평가한다.

하버드 케네디스쿨 입학사정위원회에서 학생 멤버로 참여했던 한 선배에 따르면, 학교에서는 지원자에게 '새로운 도전 상황에서 어떻게 대처하는가' '창의성과 리더십, 유머와 센스를 갖고 있나' '남을 배려하고 어려운 이를 도울 줄 아는가' '타인과 조화롭게 지내며 조직에 융화할 수 있는가' '실패하거나 좌절했을 때 극복할 수 있는가' '지인들로부터 어떤 신뢰를 받고 있는가' 등을 본다고 했다. 선배가 활동하던 때로부터 꽤 시간이 흘렀지만 학교가 중시하는 가치는 잘 바뀌지 않으니 지금도 유효하지 않을까 생각한다.

세상에 도움이 되고 가치 있는 목표를 지향하면 좋다는 것은 알겠다. 그런데 이타심에 기초한 목표가 우리의 인내심과 성과를 어떻게 향상시켜줄까에 대한 의문이 남는다. 이에 대해 큰 성취를 이룬 사람들이 자주 하는 말이 있다. 가족이나 스승님을 생각하며 같이 땀흘린 소속 구성원을 생각하며 여기까지 올 수 있었다는 말이다. 감사하는 마음, 보답하고 싶은 마음, 그리고 공동체나 누군가를 향한 책임감. 그것이 지겹고 힘든 과정을 묵묵히 버티게 해준다는 것이다.

좋은 동료와 일해본 직장인이라면, '내가 ○○님 봐서 참는다'라는 말을 해본 적 있지 않은가. 나의 이타심을 촉발하는 좋은 동료가 있으면, 견디지 못할 일도 해낼 수 있다는 증거다. 즉, 이타심은 동기부여를 해준다. 또한 내가 주변에 좋은 동료가 된다면 그 사람에게 동기부여를 해줄 수 있다.

빨리 가려면 혼자 가고, 멀리 가려면 함께 가라는 아프리카 속담이 있다. 이타심에 기초한 높은 목적의식을 갖는다는 것은 가슴 속에 함께 갈 여럿을 품는 일이다. 그런 태도를 가진 사람이라면 고난과 역경이 있더라도 멀리 갈 수 있을 것이다. 소속 팀을 우승팀으로 만드는 주역들은 대부분 본인도 MVP이다.

하버드 지원 에세이 주제

✦

하버드 케네디스쿨 MPA/ID 과정에 지원하려면 세 가지 주제로 에세이를 써야 한다. 맛보기로 내가 입학할 때 제시된 MPA/ID 과정의 에세이 주제를 소개한다.

1. 국제개발 경험에 대한 에세이 International Development Essay

Discuss your decision to choose international development as your professional career. Also, explain how developing your analytic skills relates to your career in development.(750 word limit)

당신이 국제개발을 업으로 선택한 결정에 대해 논하시오. 또한 분석 기술을 발전시키는 것이 개발 업무의 경력과 어떻게 연계되는지 설명하시오(750자 한정).

2. **리더십 경험에 대한 에세이**Leadership Experience Essay

Describe an event or experience in which you exercised a significant decision-making, management, or leadership role.(750 word limit)

의사결정, 관리, 혹은 리더십과 관련하여 중요한 역할을 수행한 경험에 대해 기술하시오(750자 한정).

3. **공공정책에 대한 에세이**Public Policy Essay

Describe a public policy or public management problem related to international development and analyze a range of solutions.(750 word limit)

국제개발과 연계된 공공정책이나 공공관리 영역의 문제점을 기술하고 다양한 문제 해결을 분석하여 서술하시오 (750자 한정).

* 하버드 케네디스쿨에 관심이 있는 독자분들이라면 Kennedy School 홈페이지(https://www.hks.harvard.edu)에 있는 각 과정별 관련 정보와 커리큘럼을 살펴보시길 권한다. 그리고 HKS Admissions Blog(https://hksadmissionblog.tumblr.com)을 참조하면 학교 지원에 대한 정보 및 실제 합격한 학생들이 학교에서 어떤 활동을 하며 지내는지를 알 수 있다.

5

회복탄력성 :
다시 튀어 오르는 힘

나는 실패한 적이 없다.
어떤 어려움을 만났을 때 거기서 멈추면 실패가 되지만
끝까지 밀고 나가 성공을 하면 실패가 아니기 때문이다.

- 마쓰시타 고노스케(기업인)

나는 메리 올리버Mary Oliver의 시들을 좋아한다. 최근 예쁜 단풍잎으로 표지를 장식한 시선집 《기러기》가 출간되었는데 그 중 회복탄력성을 생각할 때 떠오르는 문구가 있다.

(…) 우리의 하나뿐인 세상을 사랑하는 법을 조금씩 배워갔지.

편안해지진 않았지만 평온해졌지. 두려움은 작아졌지.

(…) 여행할 때 당신에게 필요한 건 한두 가지뿐.

기쁨에 대한 깊은 기억과 고통에 대한 날카로운 이해.

— 메리 올리버, 《기러기》,

〈한두 가지만 One or Two Things〉, 마음산책, 2021

이 문장에는 회복탄력성의 정수가 들어있다. 행복한 기억이 가져다주는 격려와 위로, 그리고 탄탄한 자존감이 있으면 역경에 압도되지 않고 견뎌낼 무게 중심이 생긴다. 그리고 인생에서 고통은 뺄 수 없는 자연스러운 것, 그리고 이 또한 영원하지 않다는 것을 이해한다면 인생의 두려움이나 근심, 불안을 줄일 수 있다.

김주환 교수의 책 《회복탄력성》에 따르면, 회복탄력성이란 '역경이나 시련을 극복해내고 오히려 도약의 발판으로 삼는 마음의 근육'으로 정의할 수 있다. 좋은 일을 잘 활용하고 나쁜 일이 생겨도 무너지지 않는 성정이자 어려움 속에서도 좌절하지 않고 그 상황에서 최선을 다하는 태도다. 하버드 의대 교수이자 하버드의대 코칭연구소 설립자인 게일 가젤 Gail Gazelle 박사는 회복탄력성은 비범한 사람만이 갖는 특성이 아니라 모두가 내면에 지니고 있는 잠재력이자 공통적인 본성이라며, 어떻게 이 힘을 키우고 꺼내어 쓸 수 있을지 연구하기도 했다.

이란에서 온 마야의 이야기

하버드 시절 친하게 지낸 친구 중에서 회복탄력성의 대표적 사례 같은 친구가 있었다. 이란에서 온 엔지니어 마야였다. 마야는 UN 회원국들이 이란의 핵무기 개발에 대해 집단적 제재를 시작할 때 이란에서 청소년기와 사회생활 초년기를 보내고 케네디스쿨에 왔다. 미국에 들어오기 위한 비자 발급이 늦어져서 학기 시작 후 일주일이 지나서야 들어올 수 있었다.

하버드에 왔을 때 그녀는 영어가 유창하지는 않은 상태였는데 호기심이 무척 많아 수업 시간마다 기본적인 질문들을 많이 했다. "Why is that?"도 그녀가 즐겨 하던 질문 중 하나였다. 처음엔 너무 기본적인 질문을 하는 바람에 예습도 안 해오냐는 비판을 듣기도 했고 'why girl'이라는 놀림을 받기도 했다. 하지만 끊임없이 배우려는 열정을 보이고 친구들 한 명 한 명을 진심으로 대하는 마야에게 다들 마음이 열렸다. 마야는 누구보다 빠르게 급성장하더니 영어도 유창해지고 어려워하던 미시경제학 수업에서 조교로 일할 만큼 실력도 좋아졌다. 지금 그녀는 무역협정이 사회에 미치는 영향을 연구하면서 경제학 박사학위를 밟고 있다.

하루는 마야랑 단둘이 점심으로 스시를 먹으러 갔다. 익히지 않은 생선이 올라간 음식을 처음 먹어본다며 서툰 젓가락질로 스시와 우동을 열심히 먹던 모습이 지금도 생생하다. 마야는 고등학생 시절 시골에 살면서 왕복 3시간씩 기차를 타고 학교에 다녔다고 한다. 장거리 통학이 힘들지 않았냐고 묻자 책을 읽을 수 있어 좋은 시간이었다며 웃음을 띤 대답을 했다. 그녀는 미국의 제재로 피폐해진 이란에서 살아남으려면 창의성을 발휘할 수밖에 없다며, 컴퓨터를 수리할 곳이 마땅치 않아 직접 컴퓨터를 분해해보고 부품 구조를 익히며 스스로 엔지니어가 되었다고 했다.

열악한 여건에서 느끼는 배움에 대한 갈망이 어떤 것인지 너무도 잘 알기 때문에, 마야는 케네디스쿨에서 배우는 모든 것들을 감사히 여기며 배운 것들에 대한 단상을 이란 사람들과 공유하고 싶어했다. 고국에 있는 사람들이 속해 있는 커뮤니티에 매일 이곳에서 배운 것들을 정리하여 올린다는 얘기도 들었다. 가슴 한편이 뭉클해지며 참 대단하고 보람 있는 일을 하는구나 싶었다. 마야에 미치진 못하지만 나도 읽은 책에 대한 간단한 소회와 케네디스쿨의 일상을 기록하는 블로그를 운영한다고 이야기했다. 마야는 듣자마자 호기심을 보이더니 주소를 알려달라고 했다. '글이 대부분 한국어인데?' 하고 생각하며 일단 알려주었더니 마야는 그날 집에 가서 구글 번역기를 돌려 읽어봤다고 한다. 이 친구, 역시 실행력이 남다르다.

마야의 회복탄력성이 대단하다는 걸 느끼게 된 계기가 있

다. 학기 중반 즈음 들었던 마야의 '어바웃 미About me' 시간이었
다. MPA/ID 과정을 듣는 동안 우리 동기들은 서로에 대해 더
알아가기 위해, 그리고 자기 자신이 어떤 사람인지 돌아보는 시
간을 갖기 위해 '어바웃 미'라는 세션을 자발적으로 만들었다.
돌아가면서 학생들이 자신에 대해 이야기 형식으로 소개를 하
는 것이다. 한 달에 두 번 정도, 보통 수업이 다 마무리된 오후 4
시 반에 시작되어 한 시간 남짓 진행되었다.

　　마야의 아빠는 집을 나가 새 가정을 꾸렸고 엄마는 편찮으
셨다고 한다. 남동생은 정부를 비판하는 시위에 나갔다가 폭행
을 당해 그 트라우마로 인한 공황장애를 심하게 겪었다. 자연스
럽게 마야는 집안의 실질적 가장으로 살아야 했다. 아빠에 대한
분노를 지닌 채 대학 생활을 해나가던 그녀는 활발하고 사교적
인 성격 덕에 친구가 많았지만, 속으로는 마음의 벽이 있어 사
람을 잘 믿지 못해 힘든 시절을 보냈다고 한다. 그러던 어느 날
동생과 함께 아빠를 찾아갔는데, 부처가 보리수나무 아래에서
깨달음을 얻듯 갑자기 아빠를 용서하자는 생각이 들었다고 한
다. 그 뒤로 아빠는 물론 새엄마와도 잘 지내며 엄마와 동생을
잘 보듬으며 살고 있다고 했다.

　　우리가 모여 있던 강의실에 마야의 이야기가 울려 퍼지는
동안 이야기를 하는 사람도, 듣는 사람도 모두 눈가에 눈물이
그렁그렁했다. 이야기가 끝나자 감동을 받은 모두가 일어나 마

야를 향해 뜨거운 박수를 보냈다.

마야에게 배우는 회복탄력성

게일 가젤의 책을 읽으며 회복탄력성을 구성하는 주요한 요소들이 마야의 삶에 교과서처럼 담겨 있다는 것을 발견하고 나는 참 신기했다. 첫 번째 요소는 '사고의 유연성'인데 어떠한 일을 바라보는 관점을 바꾸는 것을 의미한다. 마야는 기나긴 통학 시간을 책을 읽을 수 있는 시간으로 긍정적으로 바라보았고, 변변한 컴퓨터 수리공이 없는 상황을 오히려 컴퓨터에 대한 지식을 쌓는 기회로 삼는 생각의 전환을 이루어냈다.

둘째는 '통제할 수 있는 것에 대한 선택'이다. 이를 두고 게일 가젤은 '수용전념치료'라고 했는데 심리 치료에서 주로 많이 쓰이는 용어다. 내가 바꿀 수 없는 조건에 분노하여 에너지를 소진하는 것보다 현실을 있는 그대로 수용하면서 내가 할 수 있는 것들에 집중한다면 상황은 나아지게 마련이다. 마야가 아빠를 용서한 에피소드가 떠오르지 않는가.

마지막으로 게일 박사는 인간이 사회적 동물인 이상 마음의 건강은 대인관계능력과 떼려야 뗄 수 없다며 '섬김의 자세'를 통해 회복탄력성을 키울 수 있다고 주장한다. 나에게만 지나치게 몰입하며 외롭고 옹졸하고 예민한 삶을 살기보단 타인에게 관대하고 친절과 자비를 베푸는 삶에서 회복탄력성을 재충전할 수 있다. 마야가 자신의 배움을 공유하고 교류하는 것, 남을 도우면서 살자는 태도가 이에 해당한다. 남에게 베풀고 친절하게 대하면 시련을 이겨내는 나의 힘이 강해진다니, '남에게 대접을 받고자 하는 대로 너희도 남을 대접하라'라는 황금률이 떠오른다.

존중해주세요, 당신을

하버드에서의 세 번째 학기가 끝나고, 마지막 학기를 남겨두었을 즈음 친구들끼리 취업에 대해 이야기한 적이 있다. 다시 정부로 복귀할 예정인 나와는 달리, 친구들은 어떤 분야로 가고 싶은지, 원하는 기업에 취업하려면 어떤 것을 준비해야 하는지 등에 대해 열심히 토론하고 있었다. '우리끼리 이야기해봤자 알 수 없지'라는 결론을 내리려던 찰나 데이비드가 지나가는 것을 보고 우리는 그를 불렀다. 뉴욕의 글로벌 투자은행에서 중역이었으니 어떤 사람을 뽑고 싶은지, 즉 인재상에 대해 잘 설명해줄 수 있기 때문이다.

통계학을 잘 한다고 어필하면 도움이 될까? 강한 체력? 나

잠 안자고 일할 수 있는데, 와 같이 답을 기다리지 않는 질문 세 례가 끝나자, 데이비드가 조용히 한 마디 했다.

"Self-esteem."

자존감이 중요하다는 짧은 말에는 보다 자세한 설명이 필 요했다. 데이비드는 짧은 침묵 뒤에 설명을 이어나갔다. 데이비 드가 몸담고 있는 금융권의 문화는 매우 터프하다. 영업에서는 거절을, 고객에게는 압박을, 보고에서는 반려를 당하며 직속 상 사에게는 구박을 당하는 일이 비일비재하다는 것이다. 상처받 고 좌절하기 쉬운 환경이기 때문에 자존감이 높은 사람이 필요 하다고 했다. 자존감이 높은 사람은 꺾이지 않고 오뚜기처럼 다 시 일어나 배우고 더 잘 하게 되지만 그렇지 않은 사람은 상처 투성이가 된 마음을 안고 뉴욕을 떠나게 된다고 한다.

당시 우리는 기대한 것보다 너무 멋진 답을 해준 데이비드 에게 오~ 하고 웃었지만, 곰곰이 생각할수록 핵심을 배웠다는 느낌이 들었다. 스스로를 존중하고 자기 자신을 대우해주는 사 람. 그런 사람이라면 왠지 더 열심히 살고 업무 측면에서도 더 많이 성장하고자 할 것 같다. 아, 그래서 데이비드가 자존감을 강조했구나 싶었다.

자존감을 높이기 위한 방법을 하나 소개해볼까 한다. 긍정 일기 또는 감사일기를 쓰는 것이다. 어디서 배웠는지는 기억나 지 않지만 한 달 정도만 실천해도 큰 도움이 된다. 좋은 습관이

라고 소개받아 나도 꽤 오랜 시간 실천했는데 긍정적인 효과를
유의미하게 경험했다. 다이어리에 쓸 내용은 세 가지이다.

1. 감사한 일
2. 좋았던 일
3. 잘 한 일

이 세 가지를 매일 하나씩 쓰는 것이다. 세 가지를 하나씩
쓰는 게 어렵다면, 한 가지로 세 개 쓰는 것도 괜찮다. 잘 한 일
이 하나도 없는 것 같은 날에는 '긍정일기 쓰는 것을 잊지 않고
떠올린 일'을 쓰도록 한다. 만일 깜빡하고 며칠 잊었다면, 꾸준
히 하지 못한 자신을 탓하지 말고 '잊고 있었지만 오늘은 기억
해낸 일'을 잘한 일로 적으면 된다. 어린아이의 장난 같아 보이
지만 일단 해보면 효과를 체감할 수 있다.

또 한 가지 중요한 요령이 있는데, 그것은 바로 부정형이
아니라 긍정형으로 쓰는 것이다. '맛없는 밥을 먹지 않을 수 있
어서 감사하다'가 아니라 '맛있는 밥을 먹을 수 있어서 감사하
다'라고 하는 것처럼 말이다. 부정적 관념을 떠올려 부정적인
감정을 활성화시키는 것을 피하고 긍정적인 감정만을 유발하기
위한 것이다.

이렇게 긍정일기를 써서 나의 하루, 일주일, 한 달을 돌아

보면 은근히 일상 속에 좋은 일들이 많다는 것을 발견할 수 있다. 바쁘거나 고된 날들 속에서도 좋은 일들을 기록해두면, 나중에 그 시간을 기억할 때에도 좋은 기억이 더 강렬하게 머릿속에 남을 것이다.

참, 긍정일기의 출처는 여전히 기억나지 않지만 긍정일기의 원리를 잘 활용하여 회복탄력성을 높이는 데 쓰는 사람 한 명이 떠올랐다. 감사의 마음을 담아 케네디스쿨에서의 배움을 커뮤니티에서 친구들에게 공유해주고 있는 그녀, 바로 마야다.

하버드 수업 간접체험 3

〈행복의 기술〉
The Art of Happiness

✦

뉴욕타임스 베스트셀러인 〈The Conservative Heart〉 이 외에 〈The Road to Freedom〉, 〈Love your enemies〉(모두 국내 미출간) 등 11권의 책을 쓴 작가이자 2020년 가을부터 하버드 케네디스쿨과 비즈니스스쿨에 강사진으로 합류한 아서 브룩스Arther Brooks가 '행복의 기술The Art of Happiness'을 주제로 세미나를 했다.

12년간 프렌치 호른을 연주해왔던 클래식 연주자답게 자신이 바르셀로나시립 오케스트라에서 연주하던 사진을 보여주며 강의 첫 포문을 열었다. 그는 서른한 살에 다시 대학교에 들어가 경제학을 공부하고 사회학으로 박사가 되어 사회과학 연구자가 되었다는 사실을 이야기하며, 지금 여러분 앞에 '덜 불행한 음악가 한 명'이 있다고 말했다. 그리고 4,600명을 대상으로 조사한 행복지수를 토대로 유년기에서 청년기, 장년기로 갈수록 낮아지는 행복지수 그래프를 보여줬다. 특이하게도 이 그래프는 노년기엔 다시 올라가고 있었다. 그러면서 우리가 보다 행복하게 살 수 있는 방법을 5가지 테마로 요약하여 설명했다.

1. 위험을 감수하라
2. 변화와 삶의 하락을 받아들여라
3. 새로운 것에 마음을 열어라
4. 스스로를 통제하라
5. 목적을 갖고 일하라

Q&A 세션도 재미있었다. 정책적으로 노년층의 행복을 증진시킬 방법을 묻자 그는 행복을 구성하는 요소와 불행을 구성하는 요소는 구분 지어 생각해야 한다고 답했다. 당연히 행복을 만드는 요소는 증진시켜야 하고 불행을 만드는 요소는 낮춰야 하지만, 정부가 정책적으로 개인의 행복을 증진시킬 수는 없고 다만 불행을 유발하는 요소를 줄일

수 있을 뿐이라는 것이다.

　혐오에 대한 질문도 나왔는데, 타인을 혐오하는 태도는
다른 사람들을 가치가 없다는 가정에서 비롯되며 이는 타
인에 대한 분노보다 더 악하다고 했다. 그가 달라이 라마에
게 혐오를 어떻게 해결하면 좋냐고 물어보니 "따뜻한 마음
을 보이라"는 답을 했다고 한다. 우리가 할 수 있는 가장 진
실하고 강력한 힘을 발휘한다며.

PART 3

최고의 인재들이
놓치지 않는 4가지

1

멘탈 관리 : 정서적으로 안정된 사람 되기

사람들이 당신에게 주입한 믿음보다
자신의 생각이 더 중요하다고 결심하는 순간,
풍요를 향한 탐험에 가속이 붙는다.
성공은 외부가 아니라 내면에서 나온다.

- 랄프 왈도 에머슨(시인)

하버드 교정에서 차를 타고 25분 정도를 달리면 작은 호수가 나온다. 이 호수의 이름은 월든Walden이다. 철학자이자 문학가인 헨리 데이비드 소로우가 호숫가에 오두막을 짓고 사색하던 바로 그 공간이다. 평화롭고 아름다운 월든 호수를 보고 있노라면 근심과 고민을 잠깐이나마 완전히 내려놓게 된다.

할 일이 쏟아지고 숨 가쁘게 돌아가는 바쁜 나날들 속에서도 우리는 멘탈을 잘 관리해야 한다. 마음이 흐트러지면 어떤 것도 해낼 수 없다. 멘탈 관리의 본질은 정서적으로 안정된 사람이 되는 것이다. 언제나 차분하고 침착하게 평정심을 유지하는 친구들을 만나면서 하버드 학생들이 어떻게 멘탈을 관리하는지를 배울 수 있었다. 이를 정리하면 자기 이해, 마음챙김, 성장 마인드셋으로 말할 수 있다.

자기이해, 나에게 맞는 춤을 추자

철학의 아버지라 불리는 소크라테스는 '너 자신을 알라'라는 말을 남겼다. 모든 자기관리의 시작은 자기 자신을 잘 이해하는 것이다. 그렇지만 사람들은 자신의 마음이 어떻게 생겼는지 잘 모른다. 내가 좋아하는 것과 그렇지 않은 것, 내가 잘하는 것과 그렇지 않은 것, 그리고 내가 원하는 것이 구체적으로 무엇인지를 확실하게 아는 것은 상당히 어렵다. 그렇기 때문에 불안하고 걱정이 생기고 자신감이 떨어지는 것이다.

자신을 잘 이해하면 자신감이 생긴다. 자기 이해가 어떻게 자신감으로 이어질까? 나보다 뛰어난 누군가를 만나더라도 자신감을 잃지 않으려면, 남과 비교하지 않고 나를 사랑할 줄 알아야 한다. 또한 내가 완벽하지 않다는 것을 기꺼이 받아들이되 나의 강점을 찾아 극대화할 줄 알아야 한다. 이를 위한 첫 단

추가 자기이해이다. 하버드 학생들에게 약점을 보완할지 강점을 강화할지 물어본다면 10명 중 9명은 후자를 택한다. 자신의 강점과 재능에 집중해서 '나는 할 수 있어'란 생각으로 효과적인 동기부여를 하는 것이다. 하버드의 학생이라고 해서 세상에서 가장 똑똑한 것은 아니다. 하지만 그들 하나하나를 살펴보면 자신의 특성과 기질, 장단점을 비교적 명확히 파악하고 있으며 본인이 잘하는 것을 더 잘할 수 있도록 다듬는 공통적인 태도를 지니고 있다. 지혜로운 많은 사람들이 타인과의 비교보다는 스스로와의 경쟁이 바람직하다고 이야기한다. 자신의 경쟁력을 높이고자 하는 하버드 학생들도 자신이 빛날 수 있는 분야를 찾고 자신만의 길을 만들어간다.

하버드는 다양성을 매우 중시하고 학생들 개개인의 고유한 특성과 잠재력에 주목한다. 만일 하버드대학교에서 IQ라는 단일한 잣대로 학생들을 줄 세워 선발한다면, 그 분위기 속에서도 '그래도 나는 특별해!'라는 생각을 뚝심 있게 유지할 수 있는 사람들은 얼마 없을 것이다. 만일 우리의 인생과 세상의 모든 일이 단일 기준으로 평가받는 경주와 같다면 그렇게 평가하는 것이 맞다. 그러나 현실은 그렇지 않고 사람들의 개성이 조화롭게 피어날 때 사회가 잘 작동한다. 즉, 개개인의 삶은 경주race가 아닌 춤dance과 같은 측면이 있다. 나에게 맞는 옷을 입고 내가 좋아하는 음악에 맞춰 마음 가는 대로 춤을 추면 된다.

학생들이 하버드 캠퍼스에 첫발을 디디면, 학교는 MBTI 성격검사와 갤럽연구소에서 개발한 강점 검사를 무료로 해보고 분석 리포트를 볼 수 있게 지원해준다. 그만큼 학교가 학생들이 자기 자신을 알도록 독려한다. 다양성을 중시하는 하버드에서는 일률적인 커리큘럼을 짜고 학생들이 따르게 하기보다는 자율성을 최대한 보장한다. 그리고 학생들이 자기 이해에 기반하여 하고 싶은 일을 찾았을 때 더 몰입하고 파고들 수 있도록 풍부한 자원을 제공한다. 일례로 영화에 관심이 있는 사람은 현대 건축의 아버지 르 코르뷔지에가 설계한 하버드 필름 아카이브에서 상영하는 고전 영화들을 챙겨보고 드라마 센터에서 운영하는 연기와 표현 수업에 참여할 수 있다. 유명 뮤지컬 〈해밀턴Hamilton〉의 무대연출가, 해녀 이야기를 풀어낸 연극 〈엔들링스Endlings〉를 쓴 한국계 미국인 극작가 셀린 송Celine Song 등 초빙 연사들과 대담하는 자리도 쏙쏙 찾아서 갈 수 있다.

물론 하버드 학생들도 입학할 때부터 자신의 취향을 정확하게 파악하여 이에 걸맞은 활동을 하지는 않는다. 캠퍼스에 처음 도착하면 FOMO 현상이 휩쓸고 지나간다. FOMO는 Fear of Missing Out의 약자인데, 우리 말로는 '소외불안'이라고 번역된다. 하버드에서 풍부하게 제공하는 특강이나 공연, 활동이나 모임들 모두가 값지고 놓치고 싶지 않은데 다 참여할 수는 없으니 스트레스를 받는 현상이다. 갈팡질팡하던 학생들은 다양한 경험을 통해 자기자신을 이해해 나가면서 선택과 집중의 미학을 서서히 배워간다. 이 과정에서 중요한 두 가지가 있다. 다음에서 이야기할 마음챙김과 성장 마인드셋이다.

자기이해와 멘탈 관리를 돕는 성격 검사 도구

1) MBTI 성격 검사 Myers-Briggs Type Indicator

대중적으로 잘 알려진 마이어스-브릭스 성격 유형 검사이다. 에너지의 방향(외향-내향), 인식기능(감각-직관), 판단기능(사고-감정), 생활양식(판단-지각)이라는 4개의 기준에 따라 사람을 16개의 성격 유형으로 분류한다.

2) 킹도멀리티 Kingdomality

중세시대 왕국의 직업에 비유하여 성격 유형을 분류하는 검사이다. 크게 조력자, 도전자, 유지자, 탐구자라는 4가지 유형으로 나뉘며, 보다 세세하게는 흑기사, 주교, 꿈꾸는 음유시인 등 12개의 성격 유형이 나온다.

3) 클리프턴 강점 검사 Clifton Strengths(구 Strength Finder)

34개의 강점 중 검사대상자의 강점을 찾아줄 수 있도록 갤럽에서 출시한 검사 도구이다. 강점을 발견하고 그걸 어떻게 활용할지 가이드를 주는 것으로 유명하다. 개발자인 도널드 클리프턴의 연구업적을 기념하기 위해 검사의 명칭을 변경하였다. 우리나라에서는 《위대한 나의 발견 강점혁명》이라는 제목의 책을 통해 보다 상세한 해설을 접할 수 있다.

4) 애니어그램 Enneagram

그리스어로 '9개의 도형'이라는 뜻을 가진 성격 검사 도구이다. 중동지역에서 유래된 것으로 알려져 있다. 애니어그램에서 나오는 성격 유형들은 양옆에 위치한 유형들을 '날개'라고 하여 인생의 보조전략으로 삼을 수 있도록 하는 것이 특징이다. 국내에는 애니어그램을 활용하는 방법에 대한 여러 책이 출시되어 있다.

이러한 성격 검사를 활용한다면, 내가 어떤 사람인지 이해하는 데 도움이 된다. 다만 검사 결과를 활용하는 데 주의 사항이 있다. 이 시험들이 자기 보고의 방식을 택하다 보니

'실제의 나'가 아니라 '내가 생각하는 나'로 결과가 나올 수 있다. 따라서 전문가나 나를 잘 아는 사람의 의견을 참고하는 것을 추천한다. 또한 검사 과정에서 한두 개의 문항에 대한 답이 달라지면 결과가 완전히 달라질 수 있으므로, 실제의 내 모습을 포착할 수 있도록 여러 도구를 골고루 활용하면 더 활용도가 높아진다.

마음챙김, 기분 좋은 상태를 유지하는 것도 실력

마음챙김Mindfullness은 하버드 심리학과 교수 엘렌 랭어Ellen J. Langer가 창시한 개념이다. 마음챙김은 현재의 순간을 있는 그대로 받아들이는 개방된 태도를 의미한다. 그녀는 삶에서 벌어지는 일들에 수동적으로 반응하는 대신 깨어 있는 마음으로 주의를 기울이면 스트레스가 줄고 창의력을 높여 성과를 향상시킬 수 있음을 과학적 연구를 통해 입증했다.

내가 마음챙김을 실제로 접하게 된 건 케네디스쿨 리더십 그룹 활동에서 명상 워크숍 세션에 참가하면서였다. 세션에는 부모님이 할리우드에서 일했던, 부유한 집안에서 자란 타이미가 참석했다. 그녀는 청소년기에 겉으로 보이는 부분과 인기에 집착하여 힘든 시기를 보냈다는 이야기를 진술하게 들려줬다. 마음챙김을 실천하면서 인생의 독소들을 많이 빼낼 수 있었다며 초심자들이 간단히 실천해볼 수 있는 앱도 소개시켜주고, 자신이 직접 단체 명상 워크숍을 기획해 운영하기도 했다.

그때까지만 해도 나는 명상에 대해 회의적인 입장이었는데, 실제 세션에 참여해보면서 무거웠던 머리가 맑아지면서 개운해지는 것을 느꼈다. 그때 생긴 정신적 근육으로 일주일 내내 거뜬히 기분 좋게 공부에 몰입하며 지낼 수 있었다. 이 경험으로 명상의 힘을 깨닫고 명상을 통해 위기 상황에 힘을 발휘할 수 있는 정신적 근육을 길러놓아야겠다고 다짐했던 기억이 난다.

늘 생글생글 웃는 친구들이 있었는데 신기하게도 그 친구들의 성적이 매우 좋았다. 출처는 기억나지 않지만, 기분이 나쁘면 인지기능이 떨어진다는 연구 결과를 들은 적이 있다. 그렇다면 기분 좋은 상태와 컨디션을 유지하는 것도 중요한 자기관리의 하나가 된다. 우리 뇌는 진짜 웃음과 가짜 웃음을 완전하게 구별하지 못한다고 한다. 웃기만 해도 기분 좋은 호르몬이 분비된다고 하니 가급적 자주 웃자. 웃는 것도 습관이다.

자신에게 가장 편안한 방식으로 좋은 감정 상태를 만들어보자. 뇌와 마음에 좋은 따뜻한 자극을 만들어내기 위해 할 수 있는 것에는 여러가지가 있다. 명상이 부담스럽다면 감사 일기 쓰기, 소확행(소소하지만 확실한 행복) 찾기, 하루가 끝날 때 자신을 돌아보기, 이상적인 모습 상상하기 등이 있을 수 있다. 참고로 나는 자기암시가 실제로도 효과를 본다는 '쿠에의 법칙'을 자주 떠올린다. "나는 날마다 모든 면에서 점점 더 좋아지고 있다"라는 문장을 생각하면, 왠지 정말로 그렇게 되는 것만 같아 기분이 좋아진다.

마음챙김으로 번아웃을 극복한 사례

하버드에서 만난 친구들 중 마음챙김을 활용하여 번아웃을 극복한 앨리의 사례도 소개해볼까 한다. 그녀는 MPA/ID 수업을 마치고 오후 시간이 되면 명상을 하러 간다며 같이 갈 사람들을 모아 가기도 했었다. 앨리는 쓰레기를 재활용하는 과정에서 감동을 느끼고, 자연을 트레킹하며 제로-웨이스트를 실천하는 데 진심인 친구다.

앨리는 학창시절 항상 분 단위로 시간표를 맞춰가며 열심히 살았고, 하버드 생물학과를 졸업한 후 남들이 좋다고 하는 직장인 맥킨지에 컨설턴트로 취업했다. 그러나 몇 년간 밤새워 일하며 자신을 갈아넣은 결과 번아웃을 겪었다고 한다. 그때 그녀는 결단력을 발휘해 퇴사하고 1년간 아무것도 하지 않으며 미국의 국립공원들을 트레킹했다고 한다.

　하루는 국립공원에서 쓰레기를 재활용하는 공정을 보았는데 그 과정이 너무나 아름답게 느껴졌다고 한다. 새로운 문이 열린 것 같았고, 이 열정을 살릴 수 있는 곳을 찾아 월드뱅크에 자원 재활용 부문 컨설턴트로 취직했다. 마음챙김의 시간을 통해 번아웃된 자신을 돌보고, 관점을 달리하여 새로운 진로를 찾은 것이다. '다양한 관점은 곧 변화의 가능성'이라는 엘렌 랭어 교수의 말을 삶으로 보여주듯 말이다.

　그녀는 번아웃이 되었던 시기의 고통을 반복하지 않기 위해 두 가지를 꾸준히 실천하고 있다고 한다. '다른 사람의 기준에 맞춰 살지 않기' 그리고 '일상의 마음챙김을 통해 강하게 살아가기 위한 마음의 근육 기르기'이다. 앨리는 또 한 번의 새로운 도약을 위해 하버드 케네디스쿨과 비즈니스스쿨을 복수졸업하고 현재 구글에서 일하고 있다.

성장 마인드셋, 경험이 자산으로 축적되려면

고풍스러운 빨간 벽돌 건물과 푸른 잔디 위에 드리워진 고목들이 고즈넉한 분위기를 풍기는 하버드대학교 교정에는, 적극적으로 살아가는 학생들로 가득하다. 하버드의 학생들은 성장에 대한 열망과 끝없는 호기심을 갖고 인생을 살아가는데 학교 수업 외 다양한 과외 활동들을 하는 걸 보면 성장에는 비일상적 체험이 중요하다는 사실을 인지하고 있는 것 같다.

낯선 경험이야말로 진정한 나만의 것을 명확히 보는 데 도움이 된다. 나를 정의하는 것이 무엇인지, 나는 내면의 안정감을 어디서 느끼는지, 내가 뭘 좋아하는지를 알아야 하는데, 익숙해진 사고와 행동 패턴이 점령한 안락한 상태에서는 이를 알기 힘들다. 때문에 성장을 꿈꾸는 사람이라면, 일상적이지 않은 환경을 경험할 수 있도록 노력해야 한다. 하버드에서도 수업에만 국한되지 않고 다양한 기회를 경험해보는 것이 필수다.

하버드에 처음 갈 때 나는 세계적으로 유명한 석학의 수업을 골라 듣는 재미가 제일 클 줄 알았다. 하지만 막상 학기를 시작하니 학생들의 다양한 관심사를 충족시켜주는 세미나가 넘쳐났고, 각자 자신의 방식으로 열심히 세상을 탐구하며 살아온 친구들과 소통하는 것도 즐거웠다. 내가 숙제로 무엇을 해갔는지보다 강의실 밖에서 직접 경험한 것들이 더 생생하고 기억에 남았다. 교내의 다양한 기회들에 손을 뻗어 케네디스쿨에 있는 부속 연구소에서 진행하는 프로그램에 기획자로 참여해보기도 했고, 한 학기간 진행되는 리더십 그룹으로 활동해보기도 했다. 관심 있는 수업의 조교로도 일해보고, 연구 프로젝트의 집필진으로 참가하기도 했다. 그 과정에서 어렵고 힘들기도 했지만 그 모든 경험이 나의 소중한 자산이 되었다.

비일상적인 체험을 그저 하는 것만으로는 부족하다. 의식적으로 한계에 부딪혀서 해볼 수 있는 도전을 하는 것이 중요하다. 누구나 자신만의 안전지대가 있다. 자신이 어떤 일을 하는 데 편안함을 느끼는 범위인 '안전지대'는 살아가면서 끊임없이 변화한다. 안전지대의 가장자리로 나가 경계에 부딪혀보면서 새로운 경험과 가능성에 눈뜰 때, 나 자신에 대해 더 많이 배울 수 있다. 내게는 앞서 말한 모든 경험들이 안전지대 밖의 일이었다. 내용도 어렵고 쏟아지는 지식의 양도 많은 수업들을 듣고 과외활동까지 하는 것은, 내가 선택한 일이긴 하지만 때론 벅차기도 했다. 나뿐만 아니라 친구들도 마찬가지였다. 숙제로 주어진 연습문제를 모두 틀려 좌절하기도 하고, 실수를 남발하여 객관적으로 실패라고 평가할 수밖에 없는 발표를 하기도 했다.

이 과정들을 실패라고만 생각하면 고통의 기억으로 남는다. 그러나 힘든 과정들을 '내가 성장할 수 있는 기회'라고 생각한다면 상황은 정반대가 된다. 이미 값진 기회를 얻은 것이고 힘껏 노력하여 역량을 극대화하는 일만 남게 되는 것이다. 이것이 성장 마인드셋이다. 힘든 도전의 경험이 고통의 기억이 되거나 일회성 기억이 되지 않고, 발전적인 자산으로 축적되려면, 성장 마인드셋이 필요하다.

수영을 처음 배우는 사람에게 발이 안 닿는 깊은 수영장은 공포의 대상이다. 하지만 꾸준히 수영을 배우고 물에 익숙해지며 자신의 몸을 물속에서 어떻게 가지고 놀 수 있는지 알게 되면 어느새 깊이 내려다보이는 수영장 바닥도 더 이상 두려워하지 않고 헤엄칠 수 있게 된다. 여기서 더 나아가 깊은 물속에서 스쿠버다이빙을 하거나 바다 수영을 할 수도 있고, 철인 삼종 경기에 도전할 수도 있다. 도전을 해서 실패를 하더라도, 아예 도전하지 않은 것보다 훨씬 빠르게 배울 수 있다.

헤르만 헤세의 소설 《데미안》에 "알은 세계다. 태어나고자 하는 자는 그 세계를 깨뜨려야 한다"는 문구가 있다. 하루가 끝날 때 무엇이 나를 만족스럽게 했는지를 되짚어보자. 또 무엇이 나를 힘들게 만들었는지도 생각해보자. 그 힘든 일을 단순히 고통의 기억으로만 남길 것인지, 조그마한 도전을 해본 것으로 기록할지를 정하자. 후자를 택한다면, 그날은 한 뼘 더 성장한 날이 된다.

성장 마인드셋이란?
마음가짐이 모든 것을 좌우한다

스탠퍼드대학교 심리학과의 캐롤 드웩 Carol Dweck 교수는 마인드셋, 우리 말로 하면 마음가짐이 얼마나 중요한가를 실증연구를 통해 강조한다. 그녀에 따르면 교육과 스포츠, 비즈니스 등 많은 분야에서 마음가짐이 결과를 좌우한다.

자신의 재능과 능력을 바라보는 관점 또는 신념이라 할 수 있는 '마인드셋'에는 두 가지가 있다. 하나는 재능과 능력은 고정되어 있다고 믿는 고정 마인드셋 fixed mindset 이다. 고정 마인드셋에 따르면, 어떤 프로젝트의 성패는 이미 일찌감치 정해져 있다. 다른 하나는 재능과 능력이 개발될 수 있다고 믿는 성장 마인드셋 growth mindset 이다. 성장 마인드셋에 따르면, 실수와 실패는 학습과 성장의 기회다.

고정 마인드셋에 입각하여 생활하는 사람은, 어려운 도전을 마주했을 때 할 수 있는 일이 없기 때문에 포기하게 된다. 반면 성장 마인드셋을 가진 사람은 과업을 해내기 위해 고군

분투한다. 어떤 마인드셋을 취하는가에 따라 성장이 원천봉쇄될 수도 있고, 여차하면 도약할 수도 있다. 마인드셋에 따라 같은 조건의 미래도 정해진 미래와 가능성의 미래로 나뉜다.

당신은 근래에 겪은 시련과 앞으로 다가올 도전을 어떻게 해석하겠는가? 아무리 노력해도 극복할 수 없는 한계가 존재한다는 증거로 받아들일지, 연이 하늘로 높이 날기 위해 필요한 맞바람으로 인식할지는 당신의 선택에 달렸다.

2

관계 관리 :
건강한 관계 맺기와 진정한 리더십

좋은 친구는 건강에도 좋다.

– 어윈 사라손(심리학자)

미국 메이저리그에서 활약하고 있는 일본 출신 야구선수 오타니 쇼헤이의 만다라트Mandarat 자기계발법이 화제가 된 적이 있다. 만다라트는 일본의 경영컨설턴트 마쓰무라 야스오가 고안한 관리기법이다. 방법은 이렇다. 먼저, 가로 3줄, 세로 3줄로 구성된 9칸 중 제일 가운데 칸에 핵심 목표를 써넣고 그 주변 8칸에 핵심 목표 달성을 위한 세부 목표들을 적는다. 그리고 이 세부 목표들을 이루기 위한 8개의 실천 과제를 세부 목표 주변에 같은 방식으로 적는다. 세부 목표가 8개이므로 총 64개의 실천 과제가 나오게 된다.

오타니 쇼헤이의 만다라트를 보면서 놀라웠던 것은, 제구나 스피드, 변화구와 같이 야구를 잘하기 위한 목표뿐 아니라 인간성이나 운, 멘탈 관리 같은 목표도 포함시켰다는 것이다. 당시 고등학교 1학년이었던 쇼헤이가 성숙한 사람이 되겠다는 것을 구체적인 목표로 삼고 인간성 향상을 위해 꾸준히 관리했으니, 지금의 그가 인망이 두텁지 않다면 그게 오히려 이상한 일이다. 현재 쇼헤이는 투수와 타자를 모두 잘 해내는 특급 선수이자 인성까지 갖춘 보기 드문 선수로 평가받고 있다.

긍정력, 건강한 관계 맺기의 첫 단추

나는 인생을 살아가는 데 긍정적으로 생각하는 힘, 이른바 긍정력이 중요하다고 생각한다. 이러한 긍정력은 다른 사람과 건강한 관계를 맺는 데에서도 힘을 발휘한다. 긍정력이 없는 사람은 인간관계에서 존경보다는 질투나 시샘을 하지만, 긍정력을 가진 사람은 상대방을 진심으로 존경하며 배울 점을 찾고, 존경하는 사람에 비추어 자신이 나아갈 길을 미리 그려보기도 한다.

어떻게 위대한 업적을 이룰 수 있는지 질문을 받을 때마다 아이작 뉴턴은 "제가 더 멀리 볼 수 있었다면 이는 거인의 어깨 위에 올라서 있었기 때문입니다"라고 답했다고 한다. 자신의 과학적 연구업적이 선배 학자들이 쌓아올린 연구가 있어 가능하다는 뜻으로 말했겠지만, 나는 '거인의 어깨 위에 선다'라는 표현을 각자의 인생 롤모델에 대해서도 적용할 수 있다고 생각한다.

롤모델이 있으면 내가 미래에 뭘 하고 싶은지 더 빨리 깨달을 수 있고 그 방법을 모를 때에도 일단 롤모델을 흉내 내는 것으로 시작하여 무엇이든 도전할 수 있다. 그리고 그 과정에서 자신만의 것을 발견할 수 있다. 책을 좋아하던 나는 주로 책에서 롤모델을 찾곤 했다. 중고등학생 시절 나의 롤모델은 미국에서 흑인 여성으로는 처음으로 국무장관을 지낸 '노력의 아이콘' 콘돌리자 라이스였다. 또한 충주에서 자라는 동안 반기문 전 UN사무총장의 이야기를 많이 접하면서 자연스럽게 롤모델로 삼게 되었다. 이들을 보며 난 국제적으로 활동하는 사람이 되고 싶다는 꿈을 꾸었고 지금의 커리어를 향한 첫걸음을 부지불식간에 뗄 수 있었다.

긍정력에 약간의 적극성이 더해지면 함께 성장하는 친구를 만나는 데에도 도움이 된다. 인생에서 함께 성장할 수 있는 친구는 매우 소중하다. 단짝 친구 한 명을 사귀기보다는, 두어 명

혹은 그 이상의 규모로 '성장 메이트'들을 구성한다면 서로의 상호작용을 통해 꿈을 향한 에너지를 증폭시킬 수 있다. 이때에도 상대방의 긍정적인 면을 바라봐주는 긍정력을 발휘한다면, 내가 친구들에게 좋은 성장 메이트가 될 수 있다.

참고로 이러한 성장 메이트는 반드시 같은 준거집단에서 찾아야만 하는 것은 아니다. 따로 시간을 내어 직장 외 활동을 하는 아주 단순한 행위도 새로운 우정이 싹트는 토대가 될 수 있다. 와인 시음 교실에 참여하거나 일주일에 한 번씩 외국어 강의를 듣는 일, 또는 공공도서관에서 이민자 지도자 과정을 신청하는 것 등을 예로 들 수 있다. 함께 활동하며 성장의 기쁨을 나누는 일은 인생을 풍요롭게 하고 행복을 끌어내는 일이다.

넓은 범위에서 성장 메이트를 만나려면, 그동안 미처 몰랐던 세상 밖으로 거듭 나아가야 한다. 앞으로 내가 어떤 사람이 될지는 알 수 없다. 시간이 지나면서 바뀌는 내 관심사에 반응하고 가능성에 마음을 열어둔다면 내가 원하는 모습의 나로 거듭날 수 있다. 긍정력과 약간의 적극성만 있다면, 어디서도 성장 메이트를 만날 수 있고, 함께 성장해나갈 수 있다.

귀인 : 우연의 연속인 인생에서 만나는 중요한 사람

인생은 우연의 연속이다. 우리가 통제할 수 없는 요인들로
인해 인생은 계획이나 의도와 상관없이 흘러갈 때가 많다.
내 인생의 큰 변화를 가져온 전환점에는 귀인들이 계셨다.
'귀인'을 정의해본다면, '중요한 시기에 생각을 틔워주거나 기
회를 연결해주는 등 적절한 도움을 주시는 분' 정도로 정의
할 수 있다. 인맥의 개념이 서로 주고받는 관계에 가깝다면,
귀인은 인복에 가까운 개념이라고 생각한다.

대학교에 사회과학계열로 입학하여 전공을 선택할 때가
되었을 때, 나는 고민하던 두 개의 과에서 각각 한 분의 교수
님께 면담을 신청했다. 평소 통찰력 넘치는 수업으로 학생들
의 사랑을 받는 교수님이 계셨는데, 그분의 권유에 따라 나
는 행정학과에 진학하게 되었다. 그 분은 내게 진로 고민이
있을 때마다 지혜가 깃든 말씀을 해주셨다. 그 분은 현재까
지도 연락을 주고받는 나의 소중한 은사님이다.

대학생 때 미국 워싱턴 D.C.로 교환학생을 갔던 시절, 세

계은행에서 슈트를 멋있게 차려입고 다니는 직장인들을 보며 국제기구에 대한 막연한 꿈을 가졌었다. 그해 겨울방학 때 주미한국대사관에서 인턴을 했는데 그때 만난 외교관님도 나의 소중한 귀인이다. 지금도 존경해 마지않는 그분은 순진한 대학생인 내가 모르는 여러 가지 가능성과 현실들을 짚어주셨다. 그분 덕분에 나는 한국에 돌아갔을 때 진로와 관련된 구체적인 목표와 계획을 세울 수 있었다.

나는 살면서 이런 감사한 분들을 많이 만났다. 나도 언젠가는 누군가의 귀인이 되어 선순환의 고리를 이어나가고 싶다는 생각을 해본다.

커피챗, 미지의 영역으로 내딛는 용기 있는 한 걸음

고시에 갓 합격하고 직장에 들어왔을 무렵 선배들이 후배들에게 맛난 밥을 사주는 자리에서 한 선배님이 하버드에 다녀온 이야기를 해주셨다. 너무 재밌어서 열심히 들었는데 그 모습이 인상 깊으셨는지 케네디스쿨 재학생이 한국에서 하는 커피챗coffeechat을 알려주셨다.

　커피챗이란, 다른 업계나 직무, 학교 등이 궁금할 때, 현직자와 함께 커피를 마시며 부담 없이 정보를 주고받는 자리를 뜻한다. 나는 주저 없이 케네디스쿨 커피챗에 참여했고 그 자리에서 케네디스쿨에 대한 구체적 그림을 그릴 수 있었다. 자기소개서나 TOEFL, GMAT 등 유학 준비에 대한 귀한 정보를 얻었음은 물론이다. 하버드와의 첫 연결고리가 이렇게 커피챗에서 생겼지만, 그럼에도 나는 하버드에 가기 전까지는 커피챗의 진정한 힘을 몰랐다.

　하버드에서는 커피챗이 빈번하게 이루어진다. 내가 잘 모르는 사람과 커피를 마시려고 자주 외출을 하니, 남편은 '커피 애호가들의 모임' 정도로 알았다고 한다. "보스턴 차 사건으로 인해 커피를 사랑하는 유구한 역사가 자리 잡은 건가?"라는 남편의 농담에 "제법 말이 되네!" 하며 웃었던 기억이 난다.

　하버드 학생들은 커피챗을 통한 다양한 만남으로 다양한 영역에 대해 알아가는 것을 정말 좋아한다. 수업을 같이 듣다가도 얘기 나눠보고 싶은 사람이 있으면 바로 "우리 커피챗해요!"라고 한다. 다른 대학원이나 졸업한 선배 중에서도 자신이 원하는 커리어나 관심 있는 분야에서 활동하고 있는 사람이 있으면 주저 없이 커피챗을 제안한다. 이를 잘 아는지 학생회에서도 원하는 사람들을 모아 커피챗을 주선하기도 한다.

내 경우에도 생각지도 못했던 커피챗이 베스트 프렌드를 만들어주기도 했다. 케네디스쿨에서는 석사과정뿐 아니라 1년에 서너 명 정도 아주 소수만 뽑는 공공정책 박사과정도 운영한다. 나는 경제학 트랙의 박사과정 3년 차 학생과 우연히 커피챗을 하게 되었다. 첫 만남부터 너무 재밌고 통하는 게 남달랐는데 알고 보니 동갑내기 친구였다. 하버드 교육대학원에 다니는 다른 동갑내기 친구도 소개받아서 하버드 캠퍼스에 같이 있던 시간 동안 셋이서 추억도 많이 만들고 지금까지도 끈끈한 인연으로 지내고 있다.

때로 커피챗은 내가 편안한 영역에서 빠져나와 하나의 일을 다른 일로 연결하는 고리가 되기도 한다. 관심 가는 사람을 만나는 캐주얼한 커피챗과는 달리 이 경우는 상대방의 배경과 하는 일에 대해 미리 많이 알아보고 질문도 열심히 준비해가야 한다. 평소 알고 싶었던 분야에 대해 생생한 대화를 주고받을 수 있는 것은 기본인 데다가, 그 자리에서 인턴십 제안이 오가거나 영향력 있는 네트워킹의 기회를 잡기도 하기 때문이다.

세계 최초로 전기 시동기를 발명하여 자동차 발전에 크게 이바지한 발명가 찰스 케터링은 "앉아서 무언가를 발견했다는 소리는 한 번도 들어본 적이 없다I've never heard of finding something while sitting"며 직원들에게 적극성을 주문했다고 한다. 주위 환경과 다양하게 상호작용하며 끊임없이 움직이는 데서 행운이 오기 때문이다. 어쩌면 커피챗은 행운을 만들어내는 하버드 학생들의 비법인지도 모르겠다. 열린 마음과 긍정력, 약간의 적극성만 있으면 행운을 만날 수 있다.

약한 연결의 힘 The Strength of Weak Ties

하버드대학교에서 사회학 박사학위를 취득한 마크 그라노베터Mark Granovetter는 1973년에 '약한 연결(유대)의 힘'이라는 기념비적인 논문을 세상에 발표했다. 그 내용을 요약하면 다음과 같다.

그라노베터는 미국 내 구직자에 대한 실증연구를 통해, 밀접하지 않은 약한 개인 간의 연결이 때로는 강한 연결보다 사회적 기회를 제공하고 정보를 확산시키는 데 더 의미 있다는 것을 밝혀냈다. 강한 유대감을 가진 네트워크는 중복되고 유사한 정보를 공유한다. 반면, 약한 유대감을 가진 네트워크에서는 새로운 정보와 새로운 기회에 접근하는 기회를 공유한다.

따라서 약한 네트워크를 통해 새로운 일자리를 찾을 가능성이 더 높다는 것이다. 또한 약한 유대관계는 말 그대로 연결이 느슨하기 때문에, 유지를 위한 시간과 노력이 적게 든다. 그래서 더 관계를 유지하는 데 효율적이라는 게 그라노베터의 주장이다.

　　물론 이 연구는 특정한 환경과 문화를 가진 집단을 대상으로 이루어진 것이므로 한계가 있다. 오히려 강한 네트워크에서 우리는 정체성과 소속감을 느끼고, 진심으로 서로를 돌보고 헌신하기도 한다.

　　따라서 이 연구의 결과를 해석할 때에는, 문화권마다 강한 연결과 약한 연결의 특성이 다를 수 있고 연구대상으로 삼은 집단의 특성에 따라 결과가 달라질 수 있음을 인식해야 한다. 어쨌든 누군가 커피챗에는 어떤 힘이 있냐고 물어본다면, 나는 이 논문의 제목을 알려줄 생각이다.

진정한 리더십은 소통이다

커피챗 문화가 아무리 잘 발달해도, 모르는 사람과의 대화나 교감을 잘 이어가지 못한다면 커피챗 기회를 충분히 활용할 수 없다. 커뮤니케이션 능력이 관계에 결정적인 역할을 한다는 뜻이다. 그러나 모든 사람이 커뮤니케이션의 대가일 수는 없는 법. 리더의 산실을 자처하는 하버드 케네디스쿨에서는 리더십 함양과 관련하여 커뮤니케이션 능력을 기르기 위한 커리큘럼이 잘 준비되어 있다.

흥미로운 것은, 커뮤니케이션 능력을 기르기 위한 케네디스쿨의 수업들이 수사학이나 화술 같은 언어적 요소에 집중하지 않는다는 점이다. 케네디스쿨의 유명한 리더십 수업들, 일례로 〈리더십을 발휘하는 법Exercising Leadership〉〈리더십의 실제 : 권위의 행사Exercising the Authority〉〈진정한 정치가로 거듭나기The Making of a Politician〉 등에서는 경청, 반대 의견에 대한 관용, 갈등 해결과 같은 비언어적 요소들을 강조한다. 수업 시간뿐 아니라 세미나, 게임, 자료들을 통해서도 그러한 것들을 다양하게 반복하고 체험하게 한다.

내가 들었던 리더십 수업에서 하루는 '에베레스트 시뮬레이션Everest Simulation'이라는 게임을 했다. 커뮤니케이션이 원활하지 않을 경우 어떻게 실패하는지를 몸소 체험하게 하기 위한 목표로 치밀하게 만들어진 게임이다. 수업을 듣는 사람들은 5명씩 랜덤으로 팀이 나뉘고, 이렇게 만들어진 10여 개의 팀이 에베레스트산을 오르며 어떤 목표를 달성했는지에 따라 팀별 점수가 매겨진다. (산을 올라간 높이와 팀원의 낙오 여부, 자원 고갈 등 다양한 지표를 종합하여 채점한다) 높아지는 고도마다 쉬어갈 수 있는 기지가 제한적이므로, 팀에 할당된 산소통의 개수와 제한된 식량자원, 구성원마다 다른 체력상태를 파악해가며 우리 팀의 장단기 목표를 최대한 달성해야 좋은 점수를 받을 수 있다.

게임이 다 끝나고 결과 정리를 하며 배울 점을 짚어보는 시간을 가지는데, 이때 알게 된 사실이 흥미로웠다. 리더, 환경연구가, 마라토너 등의 역할을 부여받은 각각의 팀원들이 저마다의 목표를 부여받는데, 이 정보가 모두에게 제공되지 않고 비대칭적인 정보를 갖도록 초기설정이 되어 있었다. 우리는 이 사실을 몰랐지만 대화를 하며 팀원들이 가진 정보를 최대한 모아 칠판에 적어놓았다. 그리고 모두가 합의할 만한 최적의 의사결정이 무엇인지 함께 분석하는 형태로 난관을 극복해 나갔다.

중반까지는 우리 팀의 점수가 제일 높았다. 적절한 타이밍에 기지에서 하루 쉬어 폭풍을 피했고, 팀원에게 부여된 체력의 특성을 고려하여 필요한 산소통의 개수도 잘 계산했기 때문이다. 그러다 환경연구가는 산 정상이 아니라 4단계 기지까지만 함께 가도 된다는 사실을 간과해서 감점이 되었고, 마지막 단계에서 정상에 오르지 않고 기지에 남는 선택을 할 수 있는데도 그것을 생각하지 못했다. 결정적으로 마라토너 역할이었던 팀원이 배신을 해서 최종적으로 꼴찌가 되었다.

이 수업에서 배운 핵심은 커뮤니케이션의 힘이다. 각기 다른 목표를 가진 사람들이 상황을 제대로 파악하고 정보를 모으기 위해서는 대화, 즉 질문과 경청이 필수적이다. 상충하는 목표 속에서 발생하는 갈등을 중재하고 최적의 의사결정을 내리기 위한 과정을 경험해보며 많은 것을 깨달았다. 커뮤니케이션 능력이 리더십으로 연결되려면, 자신이 가진 아이디어를 타인에게 잘 전달하는 것뿐만 아니라 공동의 목표를 함께 추구하도록 영감을 줄 수 있어야 한다. 그러기 위해서는 사람들을 충분히 이해하는 것이 필요하다. 경청과 공감의 능력이 리더십의 핵심적인 자질인 이유가 바로 이것이다.

와튼스쿨의 조직심리학 교수이자 베스트셀러 작가이기도 한 애덤 그랜트Adam Grant는 최근 저서인 《싱크 어게인Think Again》에서 경청을 '질문 및 답변과 관련된 일련의 기술'로 정의했다. '상대방의 상태를 판단하거나 자신의 의견이 옳음을 증명하려고 노력하는 것이 아니라 상대방이 관심을 가지는 대상에 더 많은 관심을 기울이고 진정으로 호기심에서 우러나오는 질문을 하는 것. 그리고 상대방이 자신의 여러 가지 생각을 선명하게, 또 쉽게 표현하도록 도움을 주는 것'이 경청의 요체이다.

미하엘 엔데의 소설《모모》에 등장하는 주인공 모모에게는 사람들의 말을 차분하게 잘 들어주는 강점이 있다. 상대방에게 귀 기울이려면 관심을 가져야 하고 시간을 할애해야 한다. 모모는 이것을 실천했고, 이것만으로 많은 것을 해결해낸다. 모모는 답을 하지 않고 들어주기만 하는데 사람들이 해결책을 깨닫기도 한다. 가장 효과적이고 바람직한 리더십의 모습 아닐까? 그래서 나는 진정한 리더십은 소통이고, 그 시작은 경청이라고 생각한다.

하버드 수업 간접체험 4

〈대통령의 리더십〉
Presidential Leadership

✦

미국 대통령들의 전기작가이자 역사학자·정치학자로 유명한 도리스 컨스 굿윈Doris Kearns Goodwin이 J.F.K.포럼에 대담을 하러 왔다. 그녀가 쓴 링컨 대통령의 전기를 읽은 이래로 내가 계속 존경해왔던 저자를 직접 만난다니 가슴이 두근대고 행복했다. 도리스 굿윈은 대통령의 필수 자질로 자기반성, 겸손, 공감, 회복탄력성 그리고 커뮤니케이션 등을 꼽는다. 그리고 리더의 자리에 있을 때 어떤 팀을 구성했는지를 보면 그 사람의 잠재적 리더십을 판단할 수 있다고 한다.

노예제 폐지라는 위대한 업적을 이루어낸 링컨 대통령

은 어땠을까? 링컨은 대통령 당선 후 자신의 가장 강력한 정치적 라이벌들을 국무장관, 재무장관, 법무장관 등으로 임명했다. (그래서 링컨 전기의 영어 원제가 Team of Rivals이다) 자신의 의견을 비판 없이 따르는 사람들로 내각을 구성하는 편한 길을 스스로 거부한 것이다. 능력 위주로 팀을 꾸렸고, 그들이 마음껏 의견을 낼 수 있도록 했다. 존경받는 미국의 역대 대통령 1위를 항상 링컨이 차지하는 것을 보면, 도리스 굿윈이 제시한 평가 기준은 굉장히 정확하다.

반대 의견을 억누르는 것의 폐해에 대해 연구한 사회심리학자 어빙 재니스Irving Janis는《 집단사고의 희생자들Victims of Groupthink》(국내 미출간)에서 집단사고의 원인을 규명했다. 동질적인 구성원들로 이루어진 응집력 있는 집단에서 집단사고가 나타나기 쉽다. 공정하고 중립적인 리더십이 없고 강압적이고 강력한 리더가 있을 경우 위험은 더 커진다. 외부와 격리되어 동떨어진 섬처럼 있는 것도 문제다. 그 결과 똑똑한 사람들이 모이더라도 집단사고에 빠지면 비윤리적·비합리적인 잘못된 의사결정을 내리게 된다.

이처럼 의사결정의 질이 낮아지는 문제를 피하는 방법

으로 재니스는 집단사고의 징후와 증상에 주의를 기울이는 문화를 만들고, 대안적인 관점과 의견을 장려하는 것을 제시한다. 크고 작은 조직의 리더들과 리더를 꿈꾸는 모든 사람들에게 묻는다. 당신은, 반대 의견에 얼마나 열려 있는가?

3

시간 관리 :
시간을 잘 쓰면 시간이 생긴다

짧은 인생은 시간 낭비에 의해 더욱 짧아진다.

- 사무엘 존슨(시인·평론가)

목표를 향해 달려가기 위해서는 주어진 자원을 잘 관리해야 한다. 특히 이 세상 모두에게 매일 24시간씩 똑같이 주어지는 시간이라는 자원을 잘 활용하는 것이 중요하다. 시간을 잘 관리해야 목표도, 건강도 챙길 수 있기 때문이다. 하버드의 인재들을 관찰하다 보면, 시간관리 측면에서 세 가지가 눈에 띈다.

첫째, 합리적이고 효율적인 공부 방법으로 시간 낭비를 줄이고 오히려 여유 시간을 만들어낸다. 둘째, 우선순위가 분명하다. 관심사가 너무 많이 분산되어 있으면 그만큼 나에게 가장 중요한 일에 깊이 투자할 여력이 떨어진다. 내가 정한 우선순위에 따라 덜어낼 건 덜어내며 효율적으로 하루하루를, 학기를 관리하는 것이 필요하다. 셋째, 여유를 중시한다. 인생은 단거리 경주가 아니라 마라톤이다. 단기적 목표를 위해 건강을 잃으며 모든 에너지를 쏟아부으면 장기적으로 더 큰 것을 놓칠 수 있으므로 항상 여유 있는 마음을 갖는다.

눈 떠 있는 모든 순간에 무언가를 바삐 하면서 보낼 것 같은 하버드의 공부벌레들도 생활 속에서 쉼표를 찍어가며 산다.

시간 낭비를 줄이는 공부법

《하버드 대학의 공부벌레들》이란 소설이 있다. 교수가 무작위로 학생을 지목하여 질문하고 그 대답에 대해 연속적으로 심화 질문을 던지는 이른바 콜드콜cold call 문화가 있는 하버드 로스쿨의 교육방식을 생생하게 보여준 것으로 유명한 소설이다. 존 제이 오스번John J. Osborn이 1970년대 하버드 로스쿨 재학 중에 쓴 이 작품은 훗날 영화와 TV 시리즈로도 만들어졌다.

이 책의 원제는《The paper chase》인데 나는 하버드에서 공부하며 이 제목에 무척 공감했다. 하버드에서는 자칫 잘못하면 종이의 산더미 속에 파묻히기 쉽기 때문이다. 하버드대학교는 전공을 막론하고 사례 연구와 토론식 수업을 많이 한다. 토론식 수업과 발표를 준비하기 위해 수업 전에 미리 읽어가야 하는 논문, 기사, 중요 사례에 대한 읽을거리의 양이 어마어마하다. 로스쿨은 판례를 읽어야 해서 특히 더 심하겠지만 비즈니스 스쿨이나 케네디스쿨 역시 그렇다. 수업을 따라갈 수 있는 제반 지식을 미리 쌓아오라는 뜻이다. 공부할 것은 많고 시간은 부족한 이 상황에 하버드 학생들은 어떻게 대처할까?

학생들의 개성, 그리고 과목 특성에 따라 공부 방법은 각각 다르겠지만, 근본적인 측면에서 하버드 학생들의 공부법에는 몇 가지 공통점이 있다.

1) 황금 시간대의 활용

하버드 학생들은 소위 황금시간golden time을 잘 활용한다. 적은 시간을 들여 많은 성과를 낼 수 있는 시간이 있다. 바로 수업 시작하기 직전 5분과 수업이 끝난 직후 1분이다. 앞서 말했다시피 하버드 강의실에서의 수업에 제대로 참여하고 싶다면 예습은 필수다. 미리 읽을거리를 읽는 것은 기본이지만, 수업 직전 쉬는 시간을 이용하여 주요 개념을 가볍게 훑고 들어가는 것이 매우 중요하다. 이렇게만 하면 교수님이 이 개념들을 어떻게 활용하여 강의를 진행하는지가 눈에 쏙쏙 들어온다.

1학년 첫 학기 초반에 나와 내 친구들은 열심히 읽을거리를 읽었는데도 기억이 하나도 나지 않아 '예습이 별 도움이 안 되나 봐'라고 이야기한 적이 있다. 몇몇 친구들이 수업 직전에 살짝 보면 기억이 되살아나서 효과적이라고 알려주었고, 그 뒤로 직전 5분을 그렇게 활용하였다.

복습의 경우 수업 직후 1분을 활용한다. 60~120분간 배운 내용을 1분 만에 복습한다고 하니 과장이라고 생각할지도 모르겠다. 그러나 1분은 배운 내용의 진한 엑기스만 요약해 머릿속에 남기기에 충분한 시간이다. 핵심은 키워드 위주로만 스윽 훑는 것이다. 만약 교수님께 질문을 하거나 강의실을 이동하느라 수업 직후 복습이 어렵다면 그날이 가기 전에 꼭 해주자. 취침 직전을 활용하는 것도 좋다. 취침 직전 내가 그날 공부했던 내용을 쭉 훑어보고 잠든다면 잠자는 동안 뇌의 시냅스가 형성되어 단기 기억이 중기 기억으로 변환되어 저장된다.

2) 반드시 뼈대를 먼저

하버드 학생들은 공부의 뼈대를 잘 세우는 정공법을 택한다. 하버드 학생들은 생각보다 훨씬 더 교과서를 중요시한다. 도서관에서 빌리기보다는 학기를 마친 학생에게 중고로 사거나 새로 사서라도 자신이 직접 밑줄을 긋고 메모해가며 열심히 읽는다. 교과서를 읽으며 체계도를 그려놓고 나면 번지수를 알 수 있다. 자신이 어느 단계에서, 어느 수준의 이론을 배우고 있는지를 정확하게 파악할 수 있다.

전공 선배들은 고급 거시경제학 수업을 들을 때에는 교과서를 최소 두 번은 읽으라고 했다. 제프리 프랭클Jeffry Frankel 교수님의 거시경제학 강의는 자본축적과 경제성장 그리고 국제통상 주제를 절묘하게 엮은 명강의이지만 교과서를 충실히 읽지 않으면 따라가기 어려운 힘든 과목일 뿐이기 때문이다.

탁월한 성적을 보여준 운동선수들은 모두 코어 근육의 중요성을 지겨울 정도로 강조한다. 코어 근육이란 우리 몸의 중추인 척추를 감싸고 있는 근육들인데, 코어 근육의 발달 없이 '잔근육'을 만드는 것에는 한계가 있다고 한다. 공부도 그런 것 같다. 뼈대를 잘 세워두면 생각보다 할 만하다. 뼈대만 잘 세운다면 부교재와 토론을 통해 살을 붙이는 것은 의외로 시간이 오래 걸리지 않는다.

3) 요약하고 제목 달기

요약을 적극 활용하는 것도 중요하다. 요약을 활용한 학습법은 소화할 자료가 많을수록 그 위력을 발휘한다. 망각의 연속인 우리의 생활 속에서 읽은 내용을 다 기억하는 것엔 한계가 있다. 지식을 전문적으로 생산하고 다루는 학자들 역시 '논문'이라는 의사소통의 형식에서 맨 앞에 '초록Abstract'을 제시하는

데, 이 또한 같은 이유일 것이다.

　논문이나 교과서를 읽을 때 한 문단을 읽으면 한 줄로 요약하는 것에서 시작해보자. 잘 쓴 글일수록 한 문장, 한 문단에 각각 하나의 중심생각이 들어있다. 문단을 한 줄로 요약하면 자료 하나당 한 페이지를 넘지 않게 요약본이 나올 것이다. 그리고 그 요약본에 제목을 달아보는 것도 좋다. 내용을 가장 잘 포괄하는 제목을 짓는 과정에서 또 공부가 된다.

　시험공부를 할 때도 A4용지를 반으로 접어 한 쪽에는 키워드를, 반대편에는 개념별 정의, 관련 공식, 함의 등을 아주 짧게만 요약하여 적어두면 암기할 때 도움이 된다. 키워드만 보고 가려져 있는 해당 내용들을 떠올릴 수 있게 되면, 서술형 시험에도 잘 대처할 수 있다.

스터디 그룹과 시간 관리 :
백지장도 만들면 낫다, 팀을 짜서 움직여라

　케네디스쿨에서는 산더미 같은 공부량에 맞서기 위해 팀워크를 활용한다. 읽을거리가 너무 많은 수업에서 MPA/ID

전공 동기들은 힘을 합쳐 선택과 집중으로 시간 부족을 해결하기로 했다. 읽어야 하는 필수 자료는 조를 짜서 나눠 읽고, 각자 읽은 부분은 요약본을 만들어 공유했다. 어떨 때는 내가 직접 읽고 요약한 것보다도 더 의미있게 생각할 거리를 주는 요약도 있었다. 함께 해야 발전할 수 있다는 말이 실감 나는 순간이었다.

이와 더불어 효율적으로 숙제를 처리하기 위해 자발적으로 모여 함께 공부하기도 했다. 케네디스쿨 MPA/ID 과정에 입학하면 수업 시작 3주 전, 필수 수학 캠프에 참여해야 한다. 직장생활을 하면서 잊혀져간 머릿속의 수학 영역을 활성화하기 위함이다. 국적이나 커리어의 다양성을 기준으로 삼아 학교에서 스터디그룹을 구성해준다. 이때의 스터디그룹이 학기 시작 후에도 계속 가는 경우가 많다. 물론 팀워크가 별로라고 생각한 친구들은 새로운 팀을 짠다.

나는 우연히 함께 하게 된 스터디 그룹과 쭉 함께 했다. 미국 보스턴 토박이로 등산과 조깅을 좋아하고 웃음이 많은 마샤와 태국에서 온 수학 천재 바잇, 콜롬비아에서 온 넉살 좋은 페드로, 그리고 나로 구성된 우리 스터디그룹은 숙제를 같이 하는 것뿐 아니라 보스턴 근교로 함께 놀러다니기도 하며 우정을 쌓았다. 서로에게 힘이 되어주고 부족한 부분을 채워준 이 친구들과 스터디그룹을 할 수 있게 된 것은 지금 생각해도 큰 행운이다.

스터디그룹에서는 다른 사람에게 내용을 가르쳐주는 일도 종종 생기는데, 가르치는 사람에게도 큰 도움이 된다. 내용을 가르쳐주면서 스스로 몰랐던 부분을 다시 짚어보게 되기 때문이다. 수학 천재 바잇은 미시경제학 문제 풀이를 자주 도와줬는데, 고맙다고 할 때마다 "아니야, 덕분에 나도 다시 정리되고 좋아!"라고 말하며 방긋 웃어주곤 했다.

스터디 그룹이 잘 작동하려면, 나눌수록 나도 성장한다는 마인드셋, 서로에게 도움이 되고자 열심히 하는 문화가 필요하다. 숙제가 많고 어려운 과목에서도 팀워크로 대응하면 좋은 성적을 받을 수 있다. 좋은 인간관계 속에서 좋은 팀워크가 생기고, 좋은 팀워크에서 성장이 이루어지고 좋은 성적이 나온다.

모든 걸 다 가질 수 없다면

분명한 우선순위에 따른 선택과 집중을 통해 한정된 에너지와 시간을 잘 활용하는 것도 중요하다. 물론 모든 것을 다 해낼 수 있는 강철 체력을 가진 친구들도 있다. 인도에서 온 천재 웃카시는 하루에 서너 시간만 자도 충분한 타고난 에너자이저다. 웃카시는 예복습을 다 하고 외국어를 배우면서도 하버드의 많은 특강과 독서를 즐기면서 마라톤까지 한다. 이런 친구들도 있지만 대부분은 쓸 수 있는 에너지에 제한이 있다. 그렇다면 우리는 선택을 해야 한다.

이 선택의 기준이 우선순위이다. 우선순위의 핵심은 포기하고 버리는 것에 있다. 높은 우선순위의 일들에 보다 집중하기 위해 다른 것들은 과감히 포기할 줄 알아야 한다. 앞에서 한 번 이야기한 바 있지만 갓 하버드에 들어오면 소외불안 즉, FOMO 현상에 휩쓸리기 쉽다. '안 해도 돼!'라고 당당히 소리치기까지는 어느 정도 시간이 걸린다. 하버드에 대학원생으로 오는 사람들이 교정에서 보내는 2년은 짧다고 하기에는 길지만, 또 길고 하기에는 좋은 컨텐츠를 다 누릴 시간이 없어 짧다. 저 친구가 듣는 저 세미나가 좋아 보이는데? 동일한 시간에 잡혀 있는 저 활동도 해보고 싶은데? 하며 우왕좌왕하다가는 죽도 밥도 아닌 시간을 보내기 쉽다.

선택과 집중의 모드로 나의 우선순위에 따라 하나를 선택했으면 그것에 집중하고 다른 것은 내려놓을 줄 알아야 한다. 남의 떡이 커 보이고 가보지 않은 길이 매력적으로 보일지라도 내가 선택한 테두리 안에서 충만감을 느끼는 자세가 필요하다. 다만, 너무 일찍부터 다른 기회를 탐색하지도 않고 난 이것만 할 거야! 라는 좁은 시야는 추천하지 않는다.

흔히 우선순위에 입각하여 전략적으로 계획하고 일을 처리해야 한다고 하는데 여기서 '전략적'이라는 말을 명확히 이해할 필요가 있다. 전략적이라는 것은 의도한 결과와 목표를 충실히 고려한다는 뜻이다. 상위목표와 하위목표 사이에서, 그리고 목표와 수단의 연계에서 목표 중심성을 잃지 않는 것이 중요하다. 전략적 관점이 없는 사람은 '정해놓은 계획이니 일단 실천하자'라고 말하는 반면, 전략적 관점이 있는 사람은 '이 방법이 더 목표 달성에 기여한다면 이걸로 하자'라고 말한다. 정리하면 전략이란 '목표 달성을 위한 유연한 계획'이다.

모든 것을 골고루 잘 하는 데 성공했다면, 전략의 성공일까? 어쩌면 우선순위가 부재하다는 증거일 수 있다. 하나에 집중하면 골고루 잘 하는 것보다 더 좋은 성과에 도달할 수 있기 때문이다. 늘 시간이 부족한 사람들은 어느 하나도 빠짐없이 다 잘하려고 하는 경우가 대부분이다. 자원은 희소하고 우리의 시간은 한정되어 있다. 뛰어난 사진작가의 작품을 보면 구도와 초점이 있다. 렌즈에 모든 것을 담는 대신, 무언가를 포기하는 선택을 했기 때문이다.

그리고 하나 더. 때로는 우선순위가 낮은 일들을 먼저 하는 게 도움 될 때도 있다. 꼭 챙겨야 하지만 품이 많이 들지는 않는 자잘한 일들은 최대한 빨리 해치워버리는 게 나을 때도 있다. 흔히 중요성이 큰 것을 먼저 하라는 뜻에서 유리병에 작은 돌을 먼저 넣으면 공간이 없어 큰 돌을 넣지 못한다는 비유가 많이 쓰이지만, 그것은 시간요소를 고려하지 않아도 되는 과업일 때에 해당되는 비유다. 해야 할 일의 가짓수가 10개라서 마음만 급하다면, 일단 자잘한 7가지를 빨리 해치우고, 편안한 마음으로 3가지에 몰입하는 것이 도움이 되기도 한다.

정리정돈과 시간관리 : 아이젠하워의 책상

정리정돈도 시간 낭비를 줄이는 데 크게 기여한다. 누구나 회사나 학교에서 '파일이 어디 갔지?' 또는 '정리해둔 노트가 어디 갔지?' 하며 한참 책상을 뒤진 적이 한 번쯤 있을 것이다. 같은 것은 같은 공간에, 다른 것은 다른 공간에 일관된 기준에 따라 분류하여 차곡차곡 정리해두지 않으면 열심히 필기해놓고도 정작 필요할 때 어디에 있는지 몰라 써먹지를 못하는 슬픈 일이 발생한다.

정리정돈을 잘한다는 것은 곧 우선순위를 잘 파악하는 것과 같다. 하버드에서도 유독 성과가 좋은 학생들의 공통점은 자료 정리를 아주 잘한다는 점이다. 정리정돈 하면 아이젠하워 대통령 이야기를 빼놓을 수가 없다. 군인 출신의 제34대 미국 대통령 아이젠하워의 책상은 언제나 깔끔했던 것으로 유명하다. 그 비결은 아이젠하워만의 업무분류 또는 책상 정리의 원칙이다. 책상을 4등분하여 할 일을 중요도와 긴급도에 따라 분류한 것이 특징이다. 간단히 살펴보자.

	긴급 O (Urgent)	긴급 X (Not Urgent)
중요 O (Important)	미루지 않고 즉시 수행 (Right Now)	계획을 세워 진행 (Order)
중요 X (Not Important)	잘하는 사람에게 위임·전달 (Hand Over)	중단 및 폐기 (Throw Away)

아이젠하워는 중요하고도 긴급한 일은 미루지 않고 본인이 즉시 처리(Right Now)하지만, 중요하지 않다면 더 잘하는 사람에게 과업을 건네준다(Hand Over). 또한 긴급하지 않은 일 중에서 중요성이 있다면 방법을 연구하고 전문가의 고견을 구하는 등 계획(Order)을 세워 추진하고, 중요하지도 않다면 고민하지 않고 바로 버린다(Throw Away). 이 원칙에 따라 서류나 업무를 분류할 때에는 어정쩡한 중간영역을 인정하지 않아야 하며, 손에 집었을 때 바로 결정해야 한다.

아이젠하워는 날마다 이 원칙에 따라 책상을 정리하였고, 그래서 항상 가벼운 마음으로 퇴근할 수 있었다고 한다. 열심히 사는데도 시간이 모자라거나 공간이 어지러울 때 정리를 한번 해보면 능률이 크게 향상되는 것을 경험할 수 있다.

쉼표가 없는 곡은 없다

행운의 여신은 쉼표에서 온다. 행운의 여신이 찾아왔을 때 바쁘다는 이유로 문전박대 하지 않고 웃는 얼굴로 맞이하기 위해서는 바쁜 일상에 간간이 쉼표를 찍을 줄 알아야 한다. 바쁘게 살아가면서도 충분히 쉼표를 넣어주면서 아름다운 음악을 만들어내는 사람들을 하버드에서 많이 볼 수 있었다.

바쁜 와중에도 여가 시간을 확보하고 즐길 수 있는 능력을 하버드 친구들은 '내가 좋아하는 일을 할 시간을 파낸다Carve out time for doing things you enjoy'라고 표현한다. 여유를 부릴 시간을 따로 떼어두는 것이다. 다들 체력들이 어찌 그리 좋은지, 공부를 하면서도 주말에 마라톤을 뛰고 클라이밍을 하고 찰스강에서 조정을 하는 등 다양한 여가 활동들을, 특히 운동을 즐긴다.

'그렇게 놀면서 언제 공부하나 몰라'라는 생각이 들 정도로 남미 출신 친구들은 파티를 엄청 즐긴다. 서로 어울리면서 친해지고 힘든 이야기도 나눈다. 마음챙김 리더십 연구소를 이끄는 제니스 마투라노Janice Marturano는 잠시 멈춤을 일상에 포함시킬 때 우리가 새로운 눈으로 문제를 바라보고 자연스럽게 창의성, 명료성, 생산성이 높아진다고 주장했다.

우리가 여유를 갖고 쉬지 못하는 이유는, 근시안적 사고 때문이다. 우리에게 중요한 발표, 시험 등은 단시간에 승부가 나는 게임이다. 그래서 마음이 급해진다. 그러나 승부는 잠깐이더라도 그걸 준비하는 과정은 장기전이기 때문에 몸과 마음의 휴식이 중요하다. 피터 드러커는 '빈둥거리기는 쉬워도 휴식은 어렵다'라는 말을 남겼다. 그만큼 잘 쉬는 것은 어렵다. 의도적으로 스케줄에 쉬는 시간을 넣어두는 것이 필요한 이유다.

　미국인에게 사랑받는 서부의 여행지 세도나를 찬양하는 말 중에 '신은 그랜드캐니언을 만들었지만, 세도나에 산다'라는 말이 있다. 나는 이 문장에 빗대어 '행운의 여신은 음표를 즐기지만 쉼표에 숨어 있다'라고 이야기하곤 한다. 잠시 숨을 고르는 여유, 쉼표는 중요하다.

4

커리어 관리 :
더 나은 나를 만드는 과정

훌륭한 평판을 받는 법은 자신이 드러내고자 하는
모습이 되도록 노력하는 것이다.

– 소크라테스(철학자)

자신에게 맞는 직업을 탐색하고 커리어를 쌓아나가는 과정에 있어 내게 큰 울림을 준 책이 있다.《하버드 인생학 특강》이다. 〈당신의 인생을 어떻게 평가할 것인가?How Will You Measure Your Life?〉라는 TED 특강으로 선풍적인 인기를 끌었던 하버드 경영대학원의 클레이튼 크리스텐슨Clayton Christensen 교수가 암 투병 중에 학생들과 소중히 나누었던 인생에서의 깨달음을 쓴 책이다.

크리스텐슨 교수의 가르침 중 인상 깊은 내용이 있어 소개한다. 자신이 원하는 일을 정확히 알고 있는 사람이라면 목표 달성을 위한 최선의 방법을 발견하고 실천하는 것에 모든 생각을 집중하는 '의도적 전략'을 쓰면 된다. 하지만 대부분 본인의 열망을 분명히 알기는 참 어려운 일이다. 이 경우에는 우연한 기회들에 마음을 열어놓는 '창발적 전략'을 활용하면 된다. 본인의 재능과 관심, 우선순위가 진가를 발휘하는 곳이 어디인지 알 때까지 다양한 기회들을 시도해보는 것이다.

다만 폭넓은 조사를 충분히 하지 않은 채 특정한 직업에만 집중하는 것은 꼭 경계해야 한다. 경찰이 수사할 때 흔히 빠지기 쉬운 '터널 시야tunnel view'라는 개념이 있다. 용의자가 너무 명확해 보이는 나머지 다른 단서들을 찾지 않은 채 그 용의자의 죄를 확정 짓기 위한 단서들만 찾아다니는 것을 의미하는데 이러한 터널 시야는 진로 탐색 과정에서도 빠지기 쉬운 함정이다. 진로 탐색에 있어 가장 중요한 시작은 열린 사고를 유지하는 것이다. 백지 상태에서 나 자신을 찾고 그려나가는 것, 그것이 중요하다.

그런 의미에서 전공을 2학년 때 정할 수 있도록 하는 하버드 학부 과정 설계는 참 좋은 것 같다. 하버드뿐 아니라 미국 아이비리그 대학들과 스탠퍼드대학교 등 대다수 미국의 유명 대학교에서 2학년 때 전공을 선택할 수 있도록 하는 것으로 알고 있다. 다양한 학문을 접해보고 적성에 맞는 진로를 찾을 수 있다는 점에서 개인에게도 좋고, 그 과정에서 다양한 사람들이 만나 융합의 씨앗이 심어진다는 점에서 사회적으로도 바람직하다고 생각한다.

나의 커리어를 꿈꾸게 된 계기

나는 대학 시절 미국으로 교환학생을 갔을 때 세상을 보는 시야가 많이 넓어졌던 것 같다. 혼자서는 여행도 가본 적 없던 '범생이'가 교환학생 친구들과 미국 곳곳을 여행하며 능동적인 여행이 재미와 방법도 배우고, 팀 프로젝트로 실제 기업과 NGO에 컨설팅을 제공하고, 조지워싱턴대학교의 정책연구소에서 리서치 보조원을 하기도 했다. 겨울방학을 활용해 인턴십을 하기도 했고 걸어서 15분 거리에 있던 세계은행에 세미나를 들으러 다니기도 했다. 국제기구, 컨설팅, 연구자, 외교관, 파이낸싱에 이르기까지 다양한 선택지들을 직간접적으로 탐구해볼 수 있었던 셈이다.

앞에서도 언급했지만 특히 세계은행에서 들었던 '휴대폰 보급이 불러온 케냐의 변화'는 10년이 넘게 흐른 지금까지도 무척 인상적인 기억으로 남아 있다. 세상에 이러한 긍정적인 변화를 이끌어내는 데 일조하고 싶다는 열정이 이때 자리 잡았고, 당시 인턴십을 하던 기관의 멘토께서 그 열정을 구체화할 수 있는 커리어를 제시해주셨다. 이때 발견했던 나의 열정이 힘든 고시 생활을 버티게 했고 그것이 이어져서 하버드 케네디스쿨에 지원하는 바탕이 되었다.

안타까운 점 중 하나는 많은 한국의 대학생들이 자신의 대학 전공을 기준으로 직업을 고려하는 경우가 많다는 것이다. 행정학과라서 공무원 시험 준비를 한다거나 교육학과에 입학했으니 교사의 길 위주로 생각하는 식이다. 같은 전공을 하는 친구들의 대다수가 이러한 커리어를 추구하다 보니 뚜렷한 목표 없이 군중심리에 휘말려 이 직업을 갖기 위해 대학 생활의 후반부를 매진하는데 이는 경계해야 할 일이다. 다행히 근래에는 이런 경향이 많이 줄었다고 알고 있다. 많은 분들께서 전공에 얽매이지 말고 폭넓게 인생의 길을 찾았으면 좋겠다.

진로 탐색을 위해 다양한 경험을 하는 것이 좋다 하여, 반드시 외국으로 나가거나 유수 회사의 인턴십을 해야 한다는 것은 아니다. 환경을 바꾸는 것보다 생각과 행동을 바꾸는 것이 더 효과적이다. 공부 습관을 바꾼다거나 새로운 프로젝트를 시작한다거나 자신이 속한 곳에서 새로운 문화를 만들어보는 것 등 학교라는 든든한 울타리가 있을 때 이것저것 부딪혀보기를 권한다. 어떤 일이든 정확한 목표를 가지고 열정적으로 최선을 다해 임하면 소중한 기회가 생기기 마련이다.

커리어를 설계할 때 짚어봐야 할 것들

화려하고 멋있어 보이는 그 어떤 커리어도 지금 자신이 가진 지식으로서는 판단할 수 없는 것이 많다. 하버드에서는 커리어 전환을 돕기 위해 관심 있는 커리어를 걷고 있는 동문과 일과를 함께 해볼 수 있는 멘토 프로그램을 운영한다. 부동산에 관심이 있다면 뉴욕의 유명한 부동산 개발 회사들을 방문해보는 부동산 트렉에, 국제기구에 관심이 있다면 워싱턴 D.C.에 가서 세계은행이나 IMF 등에서 일하는 선배들과 만나는 네트워킹 행사에 참여하며 커리어 탐색을 할 수 있다.

커리어를 설계할 때 중요한 것은 직무 중심으로 생각해야 한다는 것이다. 최근의 고용시장, 특히 경력직 채용시장에서는 구직자가 어떤 산업(제조업, 금융업, 건설업 등)에 속했는지보다 과거에 어떤 직무(기획, 노무, 법무 등)를 하였는지에 주목한다. 사회가 발전하고 분화될수록 요구되는 직무 전문성도 정교해지기 때문이다. 국가직무능력표준(NCS)을 만들어 공공기관의 채용에 적용하는 것도 같은 이유이다. 그러므로 자신의 전문성을 길러나갈 때에는 직무 중심으로 설계하도록 하자.

전문성을 기르기 위해서는 자격증을 취득하거나 5년 이상 어느 한 분야에서 전문적으로 경력을 쌓는 것을 추천한다. 후지은행 외환딜러로 7년여간 일한 친구에게는 지금도 헤드헌터들이 '외환 관련된 업무라면 언제든 어디든 연결시켜줄 수 있다'고 제안한다고 한다. 그만큼 7년여의 전문 경력이 큰 자산이 된 것이다.

자신이 지금까지 몸담고 있던 분야와 완전히 다른 새 분야에서 일하는 것이 목표라면 몇 배 더 부지런해야 된다. 새로운 분야에서도 잘 할 수 있다는 증명이 될만한 인턴십도 해두면 좋고 자기소개서Cover Letter도 그 분야에서 중요시하는 요소들을 담아 작성해두어야 한다. 경험이 풍부하더라도 직무와의 연관성이 없으면 가점 요소가 되지 못한다는 것을 명심하자.

하버드 커리어 센터에서 들은 조언이 있다, 인턴십이든 정규직이든 일해보고 싶은 기업에 우선 잘 작성한 자기소개서를 보내두라는 것. 회사에서 정기적으로 사람을 뽑는 경우도 많지만 수시로 사람이 나가고 들어오는 경우도 많은데, 그때 제일 먼저 찾는 것이 바로 평소에 자기소개서를 보내둔 사람이기 때문이란다.

마지막으로 커리어 고민이 있을 때 근본적으로 해보아야 할 질문이 있다. '이 일에서 어떻게 행복을 찾을 수 있는가'이다. 크리스텐슨 교수는 이러한 근원적 질문에 대해 동기위생이

	내용
동기부여요인	충족될 경우 직무 만족 (예 : 도전적인 일, 사회적 인정, 개인적 성장 등)
위생요인	충족되지 않을 경우 불만족 발생. 단, 충족된다고 직무만족이 되는 것은 아님 (예 : 고용 안정성, 근무 여건, 금전적 보상 등)

론Motivation-Hygiene Theory를 도입하여 대답을 시도한다.

위생요인 중심으로 직업을 택하기보다는, 동기부여요인을 중심으로 직업을 택해야 행복을 찾을 수 있다는 것이다. 크리스텐슨 교수가 하버드 비즈니스스쿨을 졸업하는 학생들을 바라보며 가장 안타깝게 느꼈던 점은 돈과 같은 위생요인을 보고 직업을 선택하는 사람들이 많다는 사실이었다. 그렇게 높은 봉급을 받는 삶에 적응한 후에는 진짜 하고 싶은 일을 만나도 전환이 어려운 경우가 많다는 사실이 더 안타까웠다고 했다. 복잡한 이야기처럼 들리지만 결론은 단순하다. 내 마음의 소리가 선택하는 일을 찾아가라는 것.

커리어 관리를 위한 7가지 조언

창업을 하는 것이 아니라면, 대부분은 구직활동을 거쳐 취업을 하면서 커리어를 이어나간다. 케네디스쿨 동기들이 진로에 대해 고민하면서 서로 냉정하게 평가해주는 것을 본 적이 있다. 그때 나눈 이야기를 간략하게 소개한다. 직원 채용을 담당하던 중역이 하신 말씀도 포함되어 있기에, 구직하시는 분들께 현실적인 도움이 될 것이라 생각한다.

1) 스토리텔링에 힘써라

사실의 단순 나열은 매력이 없다. 사람들은 이야기를 좋아한다. 같은 성취의 경험도 이야기로 녹여내야 채용담당자의 기억에 남는다. 단, 이야기의 플롯은 단순해야 한다.

2) 커뮤니케이션 능력을 키워라

인사 담당자들끼리는 종종 말할 줄 알고 글 쓸 줄 아는 사람이면 된다는 말을 한다. 그런데 조직 내 또는 조직 간 의사소통에서 정보의 왜곡이나 변형 없이 정확하고 쉽고 간결하게 설명하고 발표하는 사람은 흔치 않다. 특별한 경쟁력이 없다면, 커뮤니케이션 능력을 키우는 것이 가장 효과적이다.

3) 구직은 마케팅이다

나의 경쟁력을 판다는 관점으로 접근하라. 전략경영과 마케팅에 관한 이론이 취업준비에 많은 시사점을 줄 수 있다. 'SWOT분석'의 개념을 활용하여 본인의 강점과 약점, 환경의 기회와 위협요인을 직접 종이에 써보는 것은 복잡한 머릿속을 정리하는 데 효과적이다. 면접관 앞에 서 있을 때 어떤 포지션을 점할지 정하는 데 '포지셔닝 이론'을 참고하라. 옆 사람들이 튀어 보이려고만 한다면 무난하게, 모두가 무난하게만 답변한다면 약간의 차이가 큰 차별화 효과로 이어질 수 있다. 중요한 것은 상대적 위치이다.

4) 입장 바꿔 생각하라

구직자가 아니라 구인하는 회사의 입장에서 생각하라. 당신이라면 어떤 사람과 일하고 싶은가. 어떤 태도를 가진 사람을 선발할지 상상하라. 당신은 그런 사람인가?

5) 경쟁기업을 미리 분석하라

가고자 하는 기업에 대해서만 공부하는 경우가 많은데, 경쟁사를 공부해야 한다. 경쟁사에 대한 질문에 잘 대답하는 것은 인터뷰에서 강력한 가점이 된다. 경쟁사를 분석하다가 더 좋은 직장을 알게 된다면, 그것도 나름대로의 수확이다.

6) 조급해하지 말고 기다려라

커리어가 성숙되고 전문성이 쌓이려면 시간이 필요하다. 한 번에 너무 많은 것을 추구하거나 빨리 승진하려고 무리하지 말라. 기다리면서 기반을 잘 닦아놓으면 때가 되어 빛을 발하게 될 것이다.

7) 모든 것에는 궁합이 있다

사람과 사람 사이에 궁합이 있듯, 직무와 사람, 조직과 사람 사이에도 적합성 또는 궁합이 있다. 광고에서 느껴지는 이미지가 아닌 조직문화의 실제를 점검하라. 현직자가 힌트를 줄 수 있다. 만일 나와 잘 맞지 않는다고 생각된다면, 자신에게 적합한 조직문화를 가진 곳을 찾아가라.

PART 4

전업주부 남편이
만난 하버드

○●○○

아내를 내조하겠다고 따라나선 나. 아내는 자기를 내조하고 도와주는 데에만 시간을 쓰지 말고, 수업 청강도 해보고 캠퍼스 구경도 해보며 재미있게 지내라고 이야기했다. 외국인에게 말 붙여보면서 영어 실력도 쌓아보라고 했다.

알겠다고 자신 있게 답했지만, 막상 실제 원어민이 말하는 영어의 속도에 놀랐고 나의 짧은 영어 회화 실력에 한동안 크게 위축되어 일주일 내내 집에만 있었다.

"하버드 학생들 만나면 물어보고 싶은 게 엄청 많다며! 너무 쫄지 말고 더 말도 걸고 해봐. 궁금한 거 없어? 전에 무슨 합격 스토리 인터뷰 같은 거 해보고 싶다고 하지 않았어?"

"됐어, 없어. 공부 열심히 하고 잘 했으니까 여기 왔겠지 뭐. 자기관리 잘 했을 테고, 성실했겠지 뭐. 궁금한 거 없어. 답해줘도 못 알아들어서 스트레스받아. 그냥 집에 있을래."

그런 대화를 나누고 곰곰이 생각해보았다. 내가 여기 와서 진짜로 알아보고 싶었던 것들이 무엇인지 말이다. 한국에서 떠날 때, 친한 친구들에게 내가 한 번 알아보겠다고 한 게 있었는데… 무엇이더라?

그래 맞아! 학교 끝나고 자기 시간이 주어졌을 때 학생들이 뭐 하는지 궁금하다고 영상통화 할 때 아내한테 이야기했지! 그리고 돈 어떻게 굴리는지 꼭 알아 온다고 친구들에게 이야기했어! 걔네도 '테마주'에 열심히 투자하는지 알아봐 주겠다고 친구들한테 이야기했어! 그래, 생각났어!

지금부터는 학생이 아닌 전업주부로, 구성원이 아닌 관찰자의 시각으로 본 하버드의 면면을 살펴볼까 한다.

1

하버드 캠퍼스의
오후

한가로운 시간은 그 무엇과도 바꿀 수 없는 재산이다.

– 소크라테스(철학자)

할 일을 마치고 난 뒤 즐기는 여가 시간은 참 달콤하다. 쉬는 시간에 하버드 학생들은 무엇을 할까? 워커홀릭처럼 학교 끝나자마자 도서관으로 달려가는 것은 아닐까? 나는 하버드 캠퍼스에서 다양한 학생들을 만났고, 덕분에 하버드 학생들의 여가시간이 어떤 특징을 갖고 있는지 파악할 수 있었다.

운동에 진심인 사람들

하버드 캠퍼스를 어슬렁거리는 관찰자로서 인상 깊었던 것 중 하나는, 운동선수도 아닌데 운동에 진심인 학생들이 많다는 것이었다. 피트니스 센터, 수영장, 테니스 코트 등 어디를 가도 학생들이 가득했고 땀을 뻘뻘 흘리며 몰두하는 모습을 자주 보았다. 나도 대학생 때 학교 체육관, 대운동장 등 곳곳에서 자기관리 차원에서 운동을 틈틈이 하긴 했지만 선수가 훈련하듯 운동하는 하버드 학생들의 열정에는 비할 바가 못 되는 것 같다. 혹시 대회를 준비하냐고 물어보면 그런 것은 아니지만 실력이 좋아지면 대회에 나갈 생각이 있다는 대답도 종종 들었다.

어떻게 이것도 잘하고 저것도 잘할 수 있을까 하는 생각이 들었다. 수영장에서 안전요원 아르바이트를 하는 교육학 전공 학생에게 물어본 적이 있다. 그 친구는 사람에 따라 오히려 A와 B를 모두 해야 성과가 잘 나올 수도 있다고 답했다. 뇌가 골고루 발달해서 그렇다나? 그리고 정신건강에도 크게 도움이 된다고 이야기했다.

하버드 교육대학원의 하워드 가드너Howard E. Gardner 교수는 인간의 능력치를 가늠할 때 언어·수리 능력에만 치중한 전통적 방식을 비판하며 다중지능이론Theory of multiple intelligences을 제안했다. 지능에는 신체운동지능, 공간지능, 음악지능 등 다양한 분야가 있고 이러한 잠재력을 헤아려서 인간을 보다 폭넓게 이해해야 한다는 것이다. 각각의 지능은 서로 독립적이지만 때로는 서로 결합되거나 상호작용할 수 있다고도 알려져 있다. 당장 본업의 성과 향상으로 직결되지 않는다 하더라도, 내면의 다양한 잠재력을 싹틔울 수 있고 또 체력을 향상시키는 데 기여한다면, 운동은 충분한 가치가 있다.

학생들이 즐기는 운동의 종류가 다양하다는 것도 특징이다. 크로스핏, 웨이트 트레이닝 등에 매진하는 사람들도 많았지만 럭비, 미식축구, 야구, 라크로스 등 단체로 운동하는 사람들도 많았다. 열심히 로잉 머신을 활용하여 훈련한 뒤 주말에 찰스강에서 열정적으로 노를 젓는 조정팀도 자주 보았다. 동아리나 크루를 결성하여 운동하기 좋은 대학 캠퍼스의 특성 때문인지 아니면 미국 사람들이 커뮤니티를 통해 단체 스포츠를 즐기는 건지는 알 수 없지만, 전반적으로 운동을 즐기며 '으쌰, 으쌰!' 하는 동적 분위기가 강하다는 느낌을 받았다.

여학생들이 활발하게 운동을 즐기는 것도 인상적이었다. 아직까지는 여학생들의 체육 활동량이 남학생들에 비해 부족한 것이 사실이라 이 모습이 더 인상적이었던 것 같다. 참고로 WHO 조사에 따르면, 성별에 따른 청소년의 운동 부족 비율 격차는 미국에서 더 벌어진다. 그러므로 내가 목격한 여학생들의 활발한 체육 활동은 한국과 대비되는 미국의 특징이라기보다는, 하버드 캠퍼스에서 도드라지게 나타난 현상인 것 같다. 힘차게 운동하는 하버드 학생들을 보며 어쩌면 꾸준한 운동을 통한 건강관리가 높은 경쟁력의 비결일 수도 있겠다는 생각을 했다.

독서, 독서, 독서

예상대로 하버드에는 독서 마니아가 많다. 어려서부터 책을 많이 읽으면 공부를 잘한다는 말을 많이 들었던 나는 하버드 캠퍼스를 거니는 사람들은 얼마나 책을 많이 읽을까 궁금했다. 그래서 한번은 독서 인터뷰를 실시했다. 하루 날을 잡고, 지나가는 학생들에게 독서경험과 관련된 질문을 해보는 것이었다.

먼저 가본 곳은 와이드너 도서관. 학생이 아닌 관계로 출입에 제한이 있어 구석구석 둘러보지는 못했지만 학생들의 뜨거운 학구열을 느낄 수는 있었다. 그렇지만 도서관에 있는 학생들이 취미로 책을 읽고 있는 것인지 공부를 하고 있는 것인지 구별하는 것은 어려웠고 말 거는 것도 조심스러운 분위기였다.

다음으로 가본 곳은 경영대학원과 교육대학원이었다. 이두 곳은 우리 부부가 자주 걷는 산책 코스에 위치할 뿐 아니라 지인들이 있는 곳이라서 심리적으로 가깝게 느껴졌기 때문에 학생들에게 이런저런 질문을 하는 데 용기를 낼 수 있었다. 책 읽는 것을 좋아하는지, 책을 많이 읽는 편인지 그리고 책을 잘 읽는 나만의 노하우가 있는지 등을 주로 물어보았다.

대부분의 학생들이 책 읽는 것을 좋아한다고 답했지만 절반 정도의 학생들은 할 일이 많아 책을 많이 읽지는 못한다고 답했다. 책을 잘 읽는 나만의 노하우를 물어보면 나를 쳐다보며 무슨 소속으로 하는 인터뷰냐고 되묻는 경우가 종종 있었다. (이럴 줄 알았으면 차라리 제대로 된 연구설계를 해서 설문지를 돌려볼 걸 싶었다) 앞의 내용을 잊어버리기 전에 빠르게 읽는다고 답한 학생도 있었고 해당 분야의 비슷한 책을 여러 권 읽어보면 배경지식이 생겨 더 풍부하게 이해할 수 있다고 알려준 학생도 있었다.

처음에 질문하는 나를 이상한 사람처럼 쳐다보다가 '요약해보는 것이 제일 도움 된다'라고 정성껏 답해준 학생도 인상적이었다. 요약할 때 남지 않는 정보는 어차피 별 필요가 없고 요약이 잘 안 되는 책은 못 쓴 책이라는 개인적인 의견도 주었다. 그 말을 듣고 고등학교 2학년 때 국어 선생님이 생각났다. 이 선생님은 한 단락을 읽고 요약해보는 것을 학생들에게 끊임없이 반복적으로 시키셨다. 한 문장으로 핵심 내용을 말하지 못하는 학생에게는 글자만 봤지 읽은 게 아니라고 혹독하게 말씀하셨다. 핵심을 파악하는 것이 그만큼 중요한 것이다.

나를 볼 때마다 반갑게 반겨주던 인도 친구 웃카시가 말해준 책 읽는 이유도 인상적이다. 그 친구는 '새로움'이 있기 때문에 책을 읽는다고 말했다. 책을 읽다보면 몰랐던 사실을 알게 되고 그 새로움이 좋아서 독서를 취미로 갖게 되었다고 이야기해주었다. 이 친구는 전자책과 오디오북을 적극 활용했다. 한 가지 이유는, '읽고 싶은 책을 구하는 데 걸리는 시간을 참을 수 없어서'이고, 다른 하나는 '살아남기 위하여'라고 했다. '살아남기 위하여'가 무슨 말인가 했는데 알고 보니 '이동할 때에도 책을 읽고 싶지만 길 건널 때 그러면 위험하니 도로에서 살아남기 위해 오디오북을 활용한다'는 것이었다. 정말 못 말리는 독서광이라고 생각했다. 여가 시간에도 새로움을 찾아 책을 즐겨 읽던 그 친구는 현재 박사과정에 진학하여 인류에게 새로운 무언가를 안겨줄 준비를 하고 있다.

그리고 한 가지, 하버드 학생들도 피하지 못하는 현상이 있다. 요즘 진득하게 책 읽는 것이 쉽지 않다는 것. 독서보다 훨씬 자극적이고 재미있는 것들을 모바일 기기로 다 접할 수 있기 때문이다. 예전에는 하루 일과를 마치고 집에 와서 남는 시간에 컴퓨터를 하거나 책을 봤는데, 이제는 핸드폰을 만지작거리다가 던져놓고 태블릿으로 넷플릭스를 보게 되어 고민이라는 학생들이 제법 있었다. 이제 자신 있게 독서를 취미라고 이야기하려면, 디지털 방해 요소를 차단하기 위한 나만의 방법을 체득해야 하는 시대가 된 것 같아 씁쓸하기도 했다.

와이드너 도서관 이야기

하버드대학교를 대표하는 와이드너 도서관 건립의 배경에는 슬픈 이야기가 있다. 1907년 하버드대학교를 졸업하고 필라델피아에서 사업가이자 책 수집가로 활동하던 해리 엘킨스 와이드너Harry Elkins Widener는 1912년에 발생한 타이타닉호 침몰사고로 사망한다. 이 사고로 그의 아버지인 조지 와이드너도 사망하였으며 어머니 엘리너 엘킨스 와이드너만이 구명정을 타고 겨우 살아남았다.

깊은 슬픔에 잠긴 어머니는 책을 사랑했던 아들을 기리는 마음에서 2백만 달러를 하버드대학교에 기부한다. 이 기부금은 1838년에 지어진 하버드의 첫 도서관 고어 홀을 대체하는 도서관을 건립하는 데 쓰였다.

1912년부터 건립하기 시작한 이 도서관은 기부자의 이름을 기리는 의미에서 '와이드너 도서관'으로 명명되었으며 3년만에 완공, 1915년 개관하여 지금까지 하버드대학교의 지성을 대표하는 공간으로 쓰이고 있다. 참고로 하버드에서 학위

논문을 쓰면 와이드너 도서관의 지하 서고에 영구히 보존된다고 하니, 매우 영예로운 일이다.

취미는 메디테이션?

사람 사는 것은 대개 비슷하다. 어디론가 획 여행을 떠나고 싶지만 할 일이 많아 몇 년째 여행을 못 가거나, 유튜브에 재미있는 것이 너무 많아 할 일을 미루다 뒤늦게 과제하고 일하느라 늦게 자는 것은 하버드 학생들도 다를 바가 없다.

인간미 넘치는 이야기를 하버드 학생들에게 직접 듣다보니, 전 세계에 모여든 우수 인재들에게서도 크게 이질감을 느끼지 않게 되었다. 그러던 중 이질감을 느낄 법한 장면을 목격했다. 학교에서 명상하는 장면을 본 것이다.

아내가 재미있는 세미나가 있다고 하여 케네디스쿨에 갔는데 시간을 잘못 알아 한 시간 가까이 먼저 도착한 날이었다. 어슬렁어슬렁 케네디스쿨의 곳곳을 살펴보며 교장 선생님의 마음으로 "열심히들 공부하고 있구먼. 기특하군." 하면서 혼잣말을 내뱉고 있었다. 그렇게 순찰 모드로 걷고 있던 내 눈에 확 들어온 장면이 있었는데 그것은 바로 한 학생이 가부좌 비슷한 자세로 명상을 하는 장면이었다. 종교 의식인 줄 알았는데, 알고 보니 명상하는 것이었다. 이 친구 외에도 명상하는 장면을 종종 목격하였다.

신기한 마음에 아내를 만나 물어보니 생활 속에서 명상을 꾸준히 하는 친구들이 꽤 된다고 하였다. 스티브 잡스가 영감의 원천으로 동양의 선 사상을 언급한 이후 명상으로 정신건강을 챙기는 사람들이 늘었고, 하버드에서 만난 친구들 중에도 제법 있다는 것을 그때 알았다. 아내의 마지막 학기는 코로나19의 확산으로 줌ZOOM을 통해 수업이 이루어졌는데 학교에서 학생들의 정신건강을 위해 요가와 명상을 할 수 있는 온라인 클래스 링크를 보내주기도 했다.

앱을 활용하여 그 자리에서 명상을 시작하는 아내의 친구들을 보고 조금은 낯선 느낌을 받았지만 여가 시간을 활용하는 좋은 방식이라고 생각했다. 에너지를 소진하는 취미가 아니라 에너지를 충전하는 취미라면 안 할 이유가 없다. 이쯤 되면 명상은 하버드 학생 상당수의 '영업 비밀'이라고도 할 수 있다. 머릿속이 복잡하고 마음이 어지럽다면 명상을 해보길 권한다.

언제나 활발한 대화

학교를 마치고 운동, 독서, 명상을 열심히 한다고만 하버드 학생들을 묘사한다면, 그것은 독자들에게 잘못된 정보를 주는 일이 된다. 하버드 학생들의 오후 시간대에 가장 눈에 띄는 것 중 하나는 어디에서나 활발한 '대화'이다. 동굴에서 자신과 대화하는 명상 못지않게 하버드 학생들은 광장에서 많은 사람들과 어울리며 대화한다.

하버드 학생들은 말이 많다. 하나 둘 복도에, 로비에 모이면 금세 시끄러워진다. 집에 가는 길에도 사람들과 아주 많은 말을 나눈다. 친한 사람이든 그렇지 않은 사람이든 소소한 주제에 대해 이야기하며 교류하는 스몰 토크 문화가 있어서 더욱 그렇다. 스몰 토크만 하는 것도 아니다. 글로벌 이슈를 이야기하다가 갑자기 열띤 토론으로 이어지기도 한다. 왕성한 에너지로 자신의 생각을 이야기하는 법정 드라마 속 변호사의 모습을 상상했다면, 실제와 크게 다르지는 않을 것 같다.

하버드 학생들이 대화를 많이 하는 이유로 두 가지를 생각해볼 수 있다. 하나는 미국 사회의 의사소통 방식이 저맥락low-context 문화에 가깝다는 것이다. 하버드 경영대학원에서 강의한 바 있는 인류학자 에드워드 홀Edward T. Hall은 커뮤니케이션 방식에 따라 고맥락 문화와 저맥락 문화를 구분했는데, 미국 같은 저맥락 문화에서는 문자와 말로 자신의 의사를 디테일하고 명확하게 밝힌다. 반면, 한국과 같은 고맥락 문화에서는 의사표현이 함축적·추상적·간접적이다. 한마디로 한국에서는 '말하지 않아도 알아요'라는 광고 카피의 원리가, 미국에서는 '말을 해야 안다'라는 원리가 통하는 것이다. 미국의 문화가 이렇기 때문에 하버드 학생들은 자신의 관심사와 견해, 요구사항이나 불만 등을 상세하게 언어로 표현한다.

하버드 학생들이 말을 많이 하는 또 다른 이유가 있다. 미국이 철저한 네트워크 사회이기 때문이다. 미국에서는, 특히 인기가 많은 직장에서는 더더욱 검증된 사람의 소개와 추천을 바탕으로 채용이 이루어진다. 때문에 그 네트워크 안에 들어가거나 하다못해 네트워크의 근처에라도 가는 것이 중요하다. 그 네트워크에서 정보와 기회가 오기 때문이다. 그래서 케네디스쿨에 유명 정치인이나 기업가가 특강을 오면 상당수의 학생들이 아주 활발하게 질문을 하고 말을 건넨다. 한국에서는 그런 사람들을 보고 말이 많다고 표현하는데, 하버드에서는 그런 사람들에게 적극적이고 에너지가 좋다고 표현한다. 흥미로운 차이점이다.

친구들 사이의 일상적인 대화에서도 발화량이 많다. 스페인에서 온 친구에게 물어보았더니 본인도 확실히 하버드 캠퍼스에서 수다쟁이가 된 것 같다고 했다. 하긴, 서로를 알고 이해하려면 대화를 많이 하는 수밖에 없다. 뜻이 서로 통해야 오해가 없고, 그것이 바로 소통 아니겠는가.

앞으로 우리나라도 다인종·다민족 문화로 나아갈 가능성이 크다. 많은 한국 사람들이 문화가 다른 이민자나 외국인과 활발하게 교류하며 일하게 될 것이다. 커뮤니케이션을 둘러싼 환경도 고맥락 문화에서 저맥락 문화로 바뀔 가능성이 높다. 그렇다면 서로를 잘 이해하기 위해 더 많이 대화해야 하며, 자신을 표현하는 능력과 더불어 앞서 언급한 경청과 공감의 능력이 보다 중요해질 것이다.

·

하버드 전업주부의 미국 견문록 1

✦

미국은 ○○의 나라

내가 들은 흥미로운 견해 중 하나로 미국이 '농업의 나라'라는 의견이 있었다. 월스트리트와 실리콘밸리가 미국 경제를 주도하고 있는 것을 우리가 다 알고 있는데 농업이라니? 미국 서부에서 온 루이스는 나에게 여행을 해보면 바로 이해할 수 있을 것이라고 말했다.

미국 농무부의 데이터를 살펴보면 미국 국내총생산(GDP) 중 농업과 식품 및 관련 산업의 비중은 5% 내외이며 농업의 기여도는 1% 안팎에 불과하다. 고용 측면에서도 농업과 관련 산업의 비중은 약 10% 수준이다. 그러나 국토 면적 대비 농지 면적의 비중은 무려 44%에 이른다. 또한 미국의 경제 규모에 비해 농업의 비중이 작다는 것이지 세계에서 미국 농업이 차지하는 입지는 절대적이다. 곡물 시장의 지배자라고도 불리는 미국의 거대 기업 카길Cargill은 세계 곡물 시장의 약 40%를 점유하고 있다.

또한 미국은 옥수수의 세계 최대 산지이기도 한데 아이오와주를 중심으로 '콘 벨트'라고 불리는 중·서부의 곡창 지대는 몇 시간을 달려도 끝나지 않는 규모로 유명하다. 우리 부부는 워싱턴주와 오리건주, 아이다호주 접경 지역에 있는 '팔루스'라는 밀밭에 샀던 적이 있나. 그 규모가 너무 커서 여기가 미국 최대의 밀 곡창지대인가보다, 했는데 확인 결과 미국 내 5위권에 지나지 않는다고 하여 또 한 번 놀랐던 경험이 있다. 공간으로 따져보면 미국은 농업국가가 맞다.

현재 미국은 생명과학과 정보기술 등을 농업에 접목시킨 애그테크AgTech를 발전시켜 탄소배출은 줄이고 생산성을 높이는 혁신을 준비하고 있다. 미래의 노다지, 농업에 있을 지도 모른다.

미국은 ○○이 없는 나라

미국은 '상·하방이 없는 나라'이기도 하다. 남미 출신의 채드는 미국 사회가 교과서에서 배운 자본주의 그 자체라고 하며 브레이크가 없는 곳이라고 표현했다. 기회의 땅이라 불릴 정도로 성공의 가능성은 위로 끝없이 열려 있지만 실패의 가능성도 밑으로 시원하게 열려 있다.

증권시장만 살펴봐도 그렇다. 미국 주식을 처음 접하는 사람들은 한국과 달리 상한가와 하한가가 없다는 사실에 놀라게 된다. 삼성전자는 아무리 주가가 떨어진다 하더라도 하루에 -30%까지만 하락하지만 애플은 -99%까지도 하락할 수 있다. 실제로도 주가가 하루 만에 반 토막이 나는 일이 빈번하다. 가격제한폭(상·하한가) 제도의 존재가 오히려 시장 변동성을 키운다는 지적도 있고 발달한 자본 시장에서는 가격 제한이 필요 없다는 의견도 있지만 여하간에 위아래로 끝을 모르는 미국 자본 시장의 긴장감은 장난이 아니다.

안타깝지만 경제적 불평등의 측면에서도 마찬가지

이다. OECD에 따르면, 2020년 기준 미국의 지니계수는 0.378이다. (숫자가 0에서 멀어지고 1에 가까울수록 불평등이 큰 것으로 이해하면 된다. 같은 기간 영국은 0.355, 한국은 0.331, 노르웨이는 0.263 수준) 이처럼 경제력의 쏠림이 심각하기 때문에 이를 둘러싼 계층 간 갈등도 상당하다. 2011년에는 부유한 금융가들이 금융위기에 책임지려 하지 않는다고 비판하며 '월가를 점령하라Occupy Wall Street'라는 구호 아래 주요 도시에서 동시다발적인 시위가 일어나기도 했다.

대학 등록금 역시 한국과는 비교도 안 되게 비싸기 때문에 부유한 집안이 아닌 한, 대학생들도 비싼 등록금과 학자금 대출에 오랫동안 허덕이는 경우가 많다. 하버드의 많은 학생들이 장학금을 받고 다니지만 사비를 들여 공부하는 학생들은 생활 곳곳에서 비용 부담이 느껴져 압박을 느낀다고 이야기한다. 게다가 미국의 의료보장 체계는 한국에 비해 보장 범위가 좁기 때문에 큰 병을 앓게 되면 가계가 휘청이게 된다. 여러모로 미국은 경제력이 없으면 힘든 곳이다.

법원의 판결도 화끈하다. 가장 무거운 죄를 중심으로 형량을 정하는 한국과 달리 죄에 따라 형량을 누적하는 미국에서는 100년이 넘어가는 징역형이 선고되기도 한다. 이를 병과주의라고 하는데, 강력범죄나 금융범죄에서 두드러진다. 다만 가석방 제도가 있기 때문에 징역형의 선고 기간만을 두고 미국이 한국보다 더 엄격하게 사법적 정의를 실현한다고 단순하게 생각할 일은 아니다. 그러나 확실한 것은, 이해관계자와 피해자가 많은 금융·경제범죄를 저지를 경우 한국보다는 미국에서의 처벌이 더 강하다는 것이다.

종합하면 미국은 상방이 열려 있는 기회의 땅인 동시에 아래로도 끝없이 추락할 수 있는 위험의 땅이기도 하다. 이러한 미국 사회의 특징은 재능 있고 욕심 많은 인적 자원을 전세계에서 끌어오는 데 강점이 있지만 적잖은 사회적 문제를 유발하기도 한다. 혹자에게 달콤한 아메리칸드림이 누군가에게는 악몽일 수도 있다.

2

하버드 학생들의
투자

시간은 위대한 기업의 친구이고 평범한 기업의 적이다.
- 워런 버핏(투자가)

금융투자에 관심이 많고 부동산과 관련된 일을 하던 나는 아내의 하버드 친구들을 만나면 그들의 재테크 방법에 대해서도 많이 물어보았다. 재물과 테크놀로지의 결합이라는 재테크라는 한국의 용어를 설명해줄 때마다 신기술기업에 투자하는 벤처투자를 말하는 거냐고 되묻던 친구들은 투자에 대해 자신의 경험과 지식, 노하우를 공유해주었다. 돈을 어떻게 관리하는지, 주로 어떤 상품에 투자하는지, 주식투자를 한다면 어떻게 접근하는지 등이 나의 관심사항이었다. 물론 무엇을 사면 되는지도 자주 묻곤 했다. 하버드 학생들은 어떻게 투자하는지 살펴보자.

어떻게 돈을 다루는가

우리나라로 따지자면 상경 계열로 분류되는 업종에 종사하거나 학문적 배경을 가진 사람들이 많다 보니, 전반적으로 투자에 대한 이해와 관심은 높은 수준이었다. 많은 친구들이 저축뿐 아니라 투자도 하고 있다고 답했다. (여기서 '저축'은 쓰지 않고 남은 돈을 모아두는 행위로, '투자'는 돈을 불리기 위한 행위로 구분한다)

연기금이나 투자은행에 다니던 친구들은 아무래도 윤리적·법적인 문제로 거래에 제약이 많다 보니 신탁이나 펀드와 같은 금융상품을 통해 자금을 관리한다고 했다. 컨설턴트 출신 친구들도, 컨설팅 대상 기업의 복잡한 지분구조를 놓쳐 원치 않게 내부자거래 문제에 휘말리는 게 싫어 주의한다고 했다. 그래서 유가증권 쪽은 관심을 끄고 아예 부동산에 관심을 기울이고 있다고 답해준 친구도 많았다. 그러나 그 관심이 체감상 한국인의 부동산 사랑만큼은 아니다.

암호화폐에 많은 자금을 투입했다는 사람은 거의 만나지 못했다. (이 부분은 실리콘밸리에 가까이 있는 스탠퍼드와 동부에 있는 하버드의 차이일 수도 있다) 비트코인과 관련된 사업을 하는 친구 한 명이 있었는데, 기회가 될 때마다 주변에 암호화폐 시장의 가능성과 블록체인의 응용 가능성에 대해 열심히 설명을 해주었다. 실제로 본인의 자금 상당수를 암호화폐에 투자하였고 블록체인 기술이 스마트 계약이나 온라인 게임에 어떻게 도입될 수 있는지에 대해 상당히 구체적인 전망을 갖고 있었다. 크립토 세계에 대한 확신이 강하긴 하였으나 변동성을 감내하는 게 쉽지만은 않다고 솔직하게 이야기해주었다. 자산가치의 변동성을 견뎌내는 것은, 전통적 자산이든 새로운 형태의 자산이든 한국이든 외국이든 모두 공통된 것이구나 하고 느꼈다.

개인 자산 중 투자하지 않고 현금으로 보관하는 비중은 어느 정도인지, 부채가 있을 때 어떻게 하는 것이 좋을지 등 개인 자산관리에 대해서도 나는 자주 묻곤 했다. 여러 명의 고견을 두서없이 정리하자면 다음과 같다.

첫째, '현금이 왕이다Cash is King'라는 금융의 고전적 명제는 인플레이션의 시대에는 거짓이 되었다. 투자를 해야 한다. 둘째, 기본적으로 부채를 먼저 갚는 것이 좋다. 하지만 세제 혜택이 있거나 정책적으로 금리가 낮은 대출-예를 들면 저리 주택구입자금대출-은 급하게 갚기보다는 길게 누려라. 셋째, 현금은 본인이 생각한 것보다 조금 더 많은 비중으로 갖고 있는 것이 좋다. 그것은 예기치 못한 상황에 대한 보험이 되며 투자에서 큰 기회를 잡는 데에도 도움이 된다. 넷째, 세제 혜택이 있는 은퇴 계좌를 적극 활용하라. 수익률을 계산할 때에는 항상 정부의 몫을 떼고 계산해야 하지만 이들은 예외이다. 다섯째, 전문가들은 생각보다 보수적으로 움직인다는 것을 명심해야 한다.

케네디스쿨과 비즈니스스쿨의 학생들과 많은 문답을 나누며 느낀 것 중 하나는, 상당수 학생이 금융에 대한 이해도는 높지만 의외로 개인투자에서는 공격적으로 투자하지 않는다는 것이었다. 투자를 일로 할 때에는 공격적으로 임하지만 자신의 돈 관리에 있어서는 매우 신중한 경우가 많았다. 많이 알수록, 투자안의 장래성 뒤에 숨은 위험성이 잘 보이기 때문이라고 했다. 인생 역전과 대박을 꿈꾸는 사람들이 곱씹어볼 만한 대목이다.

어디에 투자하는가

하버드 학생들은 어디에 투자하는가? 내가 하버드 캠퍼스에 가서 제일 확인하고 싶었던 질문이 이것이다. 많은 친구들에게 이 종목은 어떻게 생각하는지, 이 산업은 어떤지에 대해 참 열심히도 물어보았다. 지금 테슬라에 투자하면 되는지, 구글에 대해서는 어떻게 생각하는지 등 많은 대화를 나누었다. 개별 종목에 대한 평가와 전망은 시시각각 달라지기 때문에 이를 소개하는 것은 큰 의미가 없다. 따라서 내가 파악한 하버드 학생들의 관심의 방향과 투자처에 대해 몇 가지 소주제를 정하여 정리해보았다.

1) 하버드 학생들의 관심 : ESG와 빅데이터

우선 ESG(환경, 사회적 책임, 지배구조의 약자로 이러한 가치를 경영과 투자에 반영하는 것)를 고려한 투자에 하버드 학생들은 높은 관심을 보였다. 비즈니스스쿨에서 만난 중국계 미국인 리처드는 자신이 ESG에 관심을 갖는 이유를 아주 확고하게 말했다. 착하게 돈을 버는 것에 월가도 본인도 전혀 관심이 없지만, 투자업계의 풍토가 바뀌고 트렌드가 ESG로 향해가고 있다는 것이 그 이유이다.

주요 연기금에서 기후변화 문제 해결을 위해 노력한다는 평가를 받기 위해 친환경 산업에 투자할 것이고 그러한 자금의 이동에서 소외되지 않기 위해 ESG를 연구한다고 했다. 그리고 이러한 트렌드는 아주 오랜 기간 지속될 것이라고 했다. 리처드는 전기차에 대한 글로벌 투자도 이와 맞물려 생각해보라는 힌트를 주었다. 요약하면 'ESG가 돈이 된다'라고 할 수 있겠다.(사회적 가치에 실제로는 기여하지 않으면서 담론에만 편승하는 '가짜'

ESG도 활발해지기 때문에 분별력이 필요하다)

참고로 미국에도 '테마주'라는 개념이 있다. 특정 주제를 정하여 관련 회사를 카테고리로 만드는 접근방법을 주제별 투자thematic investing라고 한다. 지난 대통령 선거 당시 트럼프가 승리하면 수혜를 볼 수 있는 기업들과 바이든이 당선되면 주가가 오를 것 같은 기업들의 리스트가 돌았던 적이 있는데 그것이 우리나라로 치면 테마주다. 미국에서도 주제별 투자를 활발하게 하는 사람들이 존재하며, 날마다 오늘 상승세인 테마가 무엇인지를 블룸버그와 같은 경제 채널에서 조명한다. 그렇지만 하버드에서 만난 친구들 중에 그러한 테마를 확인하여 자주 트레이딩하는 친구들은 찾아보기 어려웠다.

한편, 하버드 학생들은 빅데이터에 많은 관심을 갖고 있었다. 아무래도 학교에서 연구를 하고 논문을 쓰다 보니 통계적 분석을 많이 하는데, 데이터가 쌓이는 속도와 생성되는 데이터의 수준이 과거-본인들이 학부생이었던 시절-와 너무나도 차이가 난다고 입을 모아 말했다. 그래서 이 데이터를 어떻게 수집하고 활용하는지에 많은 학생들이 관심을 보였다. 인공지능에도 관심이 많지만, 인공지능의 급격한 발달은 인공지능이 학습할만한 충분한 '교재'가 생겼기 때문이라는 게 압도적인 견해였다. 인공지능이 인종차별적 데이터를 학습하여 문제를 풀거나 사람을 평가할 때에도 인종차별적 결과를 도출한다는 것에 대해서도 매우 관심을 보였다. 업무를 자동화하면 공정성이나 중립성이 확보될 것이라는 예상이 빗나갈 수 있음을 확인한 만큼, 인공지능의 윤리성을 어떻게 확보할 것인지가 큰 문제이다. 이를 위해서는 편향되지 않은 데이터를 확보하는 것이 무척 중요한 과제가 된다.

하버드 친구들의 이야기와 전망을 종합하면, 앞으로는 데이터를 잘 획득하고 처리하는 기업이냐 아니냐가 투자를 좌우할 것이다. 기업의 비즈니스 모델이 인공지능 기술을 활용하는지 여부보다는, 가짜 정보와 노이즈를 얼마나 잘 걸러내는지를 주목하면 투자에 도움이 될 것이라는 이야기를 여럿에게서 듣고 나도 메모를 했으니 이 글을 읽는 독자 여러분도 참고하길 바란다.

2) 어디에 투자할지를 묻기 전에

하버드 학생들에게 때로는 짧게, 때로는 다양한 조건을 걸어 긴 문장을 힘겹게 영작하며 투자에 대해 묻던 나에게 IMF에 다니던 로드리게스가 친절하게 해준 이야기가 있다. 로드리게스의 말에 따르면 주식과 채권, 원자재와 부동산 등 어떤 자산에 투자할지 묻기 전에, 삼성전자와 하이닉스 중 어떤 종목에 투자할지 묻기 전에, 먼저 확인해야 하는 것이 있다. 누가, 누구의 돈으로 투자하는지가 가장 중요하다.

사모펀드 투자자에게 물어보면, 뭔가 부족하고 아쉬운 기업을 자꾸 이야기한다. 왜냐하면 그들은 기업을 통째로 사서 경영을 개선한 뒤 비싸게 파는 게 목적인 자금을 운용하기 때문이다. 대학 기금을 운용하는 전문가들에게 물어보면, 만년 적자에서 언제 탈출할지 모르는 벤처기업을 많이 추천한다. 대학 기금은 아주 오랜 기간 투자할 수 있기 때문에, 잠재적인 가능성을 보고 투자하기 때문이다. 예일대학교와 하버드대학교 기금이 대표적이다.

6% 금리로 대출을 받은 사람은 6% 이상의 수익률이 찍히는 투자안을 논해야 한다. 반면, 대출을 3%로 싸게 받을 수 있는 사람이라면 무리하게 위험한 고수익 투자를 할 필요가 없다. 또한 곧 상환해야 하는 자금이라면, 장기적으로 유망한 그러나 가까운 미래에는 별 볼 일 없는 기업에 투자해서는 안 된다. 장기투자가 능사가 아니기 때문에 장기투자가 좋다는 말도 누군가에게는 한동안 적용되지 않는다.

그래서 투자할 때 뿐만 아니라 누군가의 자문을 구할 때에도, 누구의 자금으로 얼마만큼의 기간 동안 투자할 수 있는지를 꼭 언급해야 한다는 것이다. 질문하는 사람의 재무적 여건을 되묻지 않고 좋은 투자처를 읊어주는 사람이 있다면 심각하게 귀기울이지는 않아도 된다는 게 로드리게스가 알려준 꿀팁이었다.

3) 1순위 투자처를 찾아라

내가 아내의 친구들과 어울리면서 각자 탑 픽Top Pick, 즉 1순위 투자처를 하나씩 이야기한 날이 있다. 많은 친구들이 브랜딩과 마케팅의 교과서와도 같은 애플을 언급했고, 생전 처음 들어본 기업의 이름도 거론되곤 했다. 대화를 나누며 우리가 앞으로 1등 기업이 될 기업을 찾기보다는 현재의 1등 기업을 떠올리는 경향이 있다는 것을 깨달았다. 정보를 취합하고 인간의 비합리적 편향을 모두 제거하고 나서 미래를 내다보아야 하기 때문에 1순위 투자처를 찾는 것은 참 어려운 일이다.

독특한 투자처를 이야기해준 친구들도 있었다. 한 친구는 리튬이 전기차 배터리 생산에 필수적인 광물이므로 이 리튬 광산에 투자하는 것이 좋은 투자가 될 것이라고 했다. 결국 돈을 버는 것은 중개 플랫폼이기 때문에 나스닥 상장 기업이 아니라 나스닥 증권거래소 자체에 투자하는 것도 좋은 투자가 될 것이라는 견해도 있었다.

마지막으로 웃카시가 답할 차례가 왔다. 인도에서 온 웃카시는 내가 아내의 친구들과 어울려 지낼 때 번뜩이는 이야기를 많이 해주던 친구이다. 다양한 업계에서 일한 천재 웃카시의 대답은 무엇이었을까? 이야기꾼인 웃카시는 먼저 자신이 필터링하는 세 가지 기준을 알려주었다. 첫 번째는 투자하고 나서 경영을 컨트롤할 수 있을 만큼 투자대상이 작을 것, 두 번째는 투자 수익이 오래 발생할 것, 마지막 세 번째는 투자에 성공했을 때 내가 확실한 수혜자가 될 것. 이 세 가지 기준으로 필터링한 결과 놀랍게도 단 하나의 투자처가 걸러졌다고 했다. 모두가 귀를 쫑긋했고 웃카시의 답이 이어졌다.

웃카시가 찾은 투자처는 웃카시 자기 자신이었다. 교과서에 나올 법한 너무 식상한 답변에 우리는 야유 하듯 반응했지만, 다른 사람이 아닌 웃카시가 한 말이기 때문에 모두가 인정할 수밖에 없었다. 실제로 웃카시의 삶은 자신을 향한 투자의 연속이었다. 인도 대법원에서 변호사로 일하던 웃카시는 경제 부처에서 일하며 자기 자신에게 투자하고 싶다는 생각을 했고 하버드로 온 것이다. 참고로 웃카시는 케네디스쿨과 로스쿨에서 각각 학위를 취득한 뒤, 세계적인 컨설팅 회사에서 일했다. 이후 월드뱅크에서 이코노미스트로 일하면서 경제학 박사과정을 밟고 있다.

웃카시가 자기 자신에게 투자한다고 이야기하자, 그건 나도 마찬가지라고 많은 친구들이 이야기했다. 모범적인(?) 마무리 발언에 다들 웃으며 박수를 쳤다. 자리를 파하고 집으로 돌아간 나는 일기장에 이렇게 적었다. '하버드 학생들은 자기 자신에게 투자한다.'

하버드 전업주부의 투자노트 요약

이 책을 쓰던 중 하버드에서 만난 친구들과 세미나에서 들은 내용을 정리한 메모를 찾았다. 그 내용을 독자들에게 공유해본다.

1) 돈에 대해 공부하라

세상은 더욱 복잡해질 것이고, 앞으로 남의 돈을 훔치는 사람들의 방법은 더더욱 발전할 것이다. 자녀를 부자로 만들고 싶다면, 금융이해력 교육에 힘써라. 증여할 때 첫 번째로 해야 하는 것은 금융이해력을 물려주는 것이다.

2) 좋은 빚과 나쁜 빚을 구분하자

자기 자신에게 투자하기 위한 빚은 좋은 빚이지만, 일회성 소비와 잘 알지 못하는 것에 투자하기 위한 빚은 나쁜 빚이다. 사람들은 나쁜 빚을 내기 위해 최선을 다하지만 정작 좋은 빚을 내는 데에는 너무 오래 망설인다.

3) 아는 것에 투자하라

아는 것에 투자해야 언제 얼마나 살지, 언제 팔지를 알 수 있다. 모르는 것에 투자해서 대박이 나는 경우도 있지만, 언제 팔지 몰라 한 여름밤의 꿈으로 끝나는 경우가 많다. 내부정보를 활용하라는 것은 아니다. 내부정보의 올바른 정의는 '나에게 수익을 줄 것 같지만 사실은 감옥으로 가는 것을 도와주는 정보'이다.

4) 투자 자체의 효율을 생각하라

투자는 말 그대로 효율의 문제이다. 투자행위에 투입하는 노력과 시간은 성과와 정비례하지는 않는다. 본업이 아닌데 투자에 모든 에너지를 쏟고 있다면 뭔가 문제가 있는 것이다.

5) 효율적인 투자 도구를 활용하자

분석할 능력과 시간이 없으면 수수료가 저렴하고 시가총액이 큰 지수추종 ETF에 투자하자. 워런 버핏이 돈을 걸고 내기를 할 정도로 검증된 투자방식이다. 물론 ETF도 만능이 아니며 앞으로 더 좋은 투자의 도구가 개발될 것이다.

6) 돈에는 감정이 없다

보유한 주식에 애착을 갖지 말자. 내가 애착을 갖고 산 주식이라고 하여 누군가 갑자기 주가 부양에 나서주지 않는다. 감정은 일시적이다. 감정이 결부된 투자는 감정이 사라진 이후의 결과를 보장하지 않는다.

7) 과거로부터 배우지 못하면 미래도 없다

인간은 어리석고 같은 실수를 반복한다. 금융시장과 투기의 역사에 대해 공부해야 한다. 역사는 반복되지만 역사로부터 배우는 사람은 많지 않다. 역사에 대해 배우는 것은 당장 돈을 불리는 것과는 거리가 멀지만 돈을 지키는 데에는 도움이 된다.

일희일비의 뼈 아픈 대가

'구글의 내년 실적은 어떨 것 같아?' '미국과 중국의 패권 경쟁이 시장을 통째로 흔들면 내가 주식을 다 팔고 현금을 들고 있어야 할까?' 등의 질문과 답변으로 아내의 친구들과 열띤 토론을 마치고 돌아오는 길에, 몇 차례 식사를 같이 한 친구가 나를 불렀다. 그리고 다음과 같이 말했다.

"사고 파는 것을 너무 자주 하지는 마. 너도 잘 알겠지만 땅에 흘리는 부스러기가 너무 많아질 거야. 그리고 내일 갑자기 금융위기가 오더라도, 너가 투자한 기업의 주가가 빠지더라도, 실망하고 투자를 그만두지는 마. 항상 시장에 머물러 있어. 아니면 시장 근처에라도 머물러야 해. 시장을 아예 떠나면 기회가 오는지도 알 수 없어. 시간을 아주 길게 잡으면 네가 잘 고른 기업의 주가가 아주 많이 오를 거야. 대신에 시간이 필요해. 잊지마, 시간이 필요해."

전업주부 상태이기에 시간이 많아 활발하게 주식 거래를 해보고 있다는 나에게 해준 진심 어린 조언이었다. 나는 조언해줘서 고맙다고 손을 내밀었고 그 친구와 하이파이브를 힘차게 하고 헤어졌다.

그로부터 한 달 뒤인 2020년 3월, 전 세계 주식시장은 역사에 남을 대폭락을 겪었다. 겁먹은 나는 주식을 일부 매도했다. 그리고 우리가 알다시피 주식시장은 엄청난 속도의 회복과 상승장을 맞이했고 나는 닭 쫓던 개가 지붕을 올려보듯 내가 투자했던 종목들이 고공행진을 하는 것을 목격하였다. 물론 내 계좌에는 없는 상태로 말이다. 일희일비의 대가는 내가 생각했던 것보다 컸고 박탈감은 두 배로 느껴졌다.

모든 투자에는 시간이 필요하다. 모든 과정이 짧은 시간 내에 이루어지는 것은 투자라기보다는 도박에 가깝다고 한다. 결과를 바로 확인하면서 느끼는 짜릿함에 빠져들고 그 결과 실제로 돈을 벌지 못하면서도 그 방법을 고집하게 되는 경우가 많다. 하루살이처럼 일희일비하지 말고 오래 고민하여 좋은 투자를 하자. 워런 버핏은 시간을 일컬어 훌륭한 기업의 친구이자 평범한 기업의 적이라고 말했다. 나를 기업에 비유한다면 나는 시간을 어떻게 대하는 기업일까? 혹시 시간 요소를 고려하지 않고 사업을 하고 있지 않은지, 시간을 적으로 두고 있지 않은지 나 자신을 돌아볼 필요가 있다.

하버드 전업주부의 미국 견문록 2

✦

미국은 ○○○○로 만든 나라

위의 빈칸에 들어갈 말로는 어떤 게 있을까? 종교의 자유를 찾아 나선 영국 청교도들의 개척정신? 콜럼버스의 발견? 미합중국의 건국은 여러 시대적 요인이 맞물려 이루어진 것이겠지만 특히 아래의 이야기가 인상적이라서 소개해본다.

월스트리트의 글로벌 투자은행에서 주식 브로커로 일하다 하버드로 온 친구 크리스는 미국을 '주식회사'로 만든 나라라고 표현했다. 망치를 든 목수에게는 다 못으로 보이기 때문에 이렇게 표현한 것일까? 아니다. 실제로 그렇다. 오늘날의 미국은 주식회사 제도가 없다면 생길 수 없었다.

보급 등의 문제로 난항을 겪던 영국의 북아메리카 식민지 건설이 재차 추진될 수 있었던 것은 바로 주식회사 덕분이다. 식민지 개척은 실패의 위험이 크기 때문에 단일주체만으로는 누구도 쉽게 추진하기 어려웠다. 이를 해결해준 것이 주식회사이다. 주식회사 제도의 골자는 다양한 주체가 공동으로 출자하고 출자액만큼만 유한책임을 지기 때문에 투자자의 위험이 제한된다는 것이다. 비용과 위험이 크기 때문에 쉽게 추진하기 어려웠던 식민지 개척 사업을 주식회사는 가능하게 만들었고 그것이 아메리카 대륙의 역사를 바꾸었다.

오늘날에도 미국은 주식회사 제도를 활용하여 기업활동을 촉진하고 그렇게 발달한 자본 시장을 통해 전 세계 투자자들의 자금을 빨아들이고 있다. 이들 기업은 미국 경제의 근간이며 경제와 안보가 결합된 요즘 미국 국력의 원천으로도 역할을 톡톡히 하고 있다. 이 정도면 '주식회사로 만든 나라'라는 표현은 과한 게 아닌 것 같다.

미국은 ○○이란 단어를 많이 쓰는 나라

미국 사회를 이야기할 때 놓치지 않아야 할 단어가 있다. 바로 유산legacy이다. 미국에서는 문학이나 역사책뿐만 아니라 일상에서도 유산이라는 단어를 많이 쓴다. 멋진 국립공원에 대해 이야기할 때 자연이 준 유산으로, 정치제도를 설명할 때에는 건국의 아버지들이 물려준 유산이라고 표현하는 식이다. 케네디스쿨의 다양한 특강에서 강의하는 저명인사들—주로 걸출한 정치인이나 부유한 기업가—도 미래 세대에게 어떤 유산을 남겨주겠냐고 묻고, 자신들의 포부를 이야기하고 간다.

친구들도 자신이 자라온 이야기를 해주거나 일상생활 속에서도 유산이라는 단어를 많이 쓴다. 증여나 상속 이야기가 아니다. 예를 들면, 아버지의 방랑자적 기질과 외할머니가 들려준 노랫말을 마음속의 유산으로 물려받았다고 이야기하는 식이다. 왜 유산이라는 단어를 많이 쓸까? 그 이유를 추측해보았다. 우선, 역사에 대한 자부심 때문이라는 생각을 해본다. 대통령제 민주주의를 발명한 나라이자 넓은 영토와 풍부한 자원을 가진 세계 최고의 강대국 시민으로서 갖는 자부심 때문일 수 있다. 과거로부터 물려받은 것들로 지금 미국인들의 현재가 찬란하기 때문에 유산이란 말을 많이 쓴다고 설명할 수도 있을 것 같다.

보다 미시적인 이유로, 나는 다양성을 강조하고 싶다. 미국은 이민자의 나라로 시작했고 지금도 이민자들을 전세계에서 받아들이고 있다. 다양한 인종과 민족적 정체성을 가진 사람들이 어울려 살고 있고 그러다보니 집단 간 사회 갈등도 심각하다. 그 속에서 중심을 잡고 살려면 정체성, 즉 자신의 뿌리에 대해 인식하고 있어야 하고, 그래서 자신이 누군지를 기억하기 위해 유산이라는 단어를 많이 쓰는 게 아닌가 싶다. 나의 기원을 기억하기 위해서 말이디. 미국인들이 증조부모님이 처음 정착한 지역이나 자신이 자란 지역에 대한 애착이 유독 강한 것도 이 때문 아닐까.

당신이 속한 조직이나 공동체에, 아니면 가까운 미래의 당신에게, 오늘의 당신은 무엇을 유산으로 남겨줄 것인가. 그리고, 지금 이 순간의 내가 무엇을 유산으로 남겨줬다고 기억되고 싶은가? 이 질문에 멋진 답을 내놓는 것에서 자부심 가득한 역사가 시작된다.

3

전업주부의 삶,
그리고 일상

그 사람의 신발을 신어보기 전에 그 사람을 평가하지 말라.

– 인디언 속담

전업주부 생활을 해본 남자로서, 주부의 생활이 어떤지, 그리고 무엇을 느꼈는지에 대해서도 이야기하고 싶다. 왜냐하면 하버드 캠퍼스에서 내 직업은 전업주부였고 그것을 통해 느끼고 깨달은 것으로 나 역시 많이 성장했기 때문이다.

반복으로 채워지는 자유

자유. 직장인이 생각하는 전업주부 생활을 대표하는 단어는 바로 자유일 것이다. 사실 직장인으로 살아갈 때는 전업주부가 부럽기도 했다. 무엇보다 아침에 회사에 가지 않아도 된다는 사실이 부러웠다. 늦잠을 잘 수 있는 것도 편하게 옷을 입어도 아무에게도 지적받지 않는다는 것도 큰 이점이라고 생각했다.

아내와 같이 지내기 위해 따라간 미국에서의 첫 일주일은 시차라는 적절한 명분도 있겠다, 정말 늘어지게 잠을 잤다. 아내가 귀가하면 데려다주는 동네 맛집을 따라다니며 밥을 먹고 한 바퀴 걷고 나서 귀가하여 또 일찍 잠을 잤다. 전업주부가 마시는 공기는 왠지 보다 자유롭고 보다 산뜻한 것 같았다. 아내가 허락한, 아무것도 하지 않는 일주일의 자유시간 동안은 그랬다.

반복. 전업주부의 삶을 이보다 더 잘 묘사하는 단어가 있을까? 전업주부 라이프를 겪어보니 자유보다는 반복이라는 단어가 더 정확한 묘사라는 것을 깨달았다. 밥을 차려 먹고 설거지를 하고 청소와 빨래를 하는 일은 끝이 없는 반복이었다. 밥하고 치우다 보면 하루가 다 지나간다는 말은 과장이 아니었다. 자녀가 없는데도 이렇게 힘들다니!

사실 나는 끼니를 모두 외식으로 해결하겠다는 허황된 꿈을 갖고 있었지만, 팁이 포함된 미국의 엄청난 외식 물가를 확인하고 바로 포기하였다. 끼니를 직접 해결해야만 생활이 가능한 상황이었고, 그로 인해 나는 삼시세끼를 직접 챙기며 본격적인 주부 모드가 되었다.

경험상 전업주부의 일은 두 가지 특징이 있다. 하나는, 성취감을 느끼기가 어렵다는 것이다. 회사생활이나 팀 스포츠를 해보면, 확실히 돋보이는 포지션이 있고 그렇지 않은 것이 있다. 주부가 하는 일은 성과가 부각되지 않는 반면, 미진한 부분이 생기면 그것이 크게 눈에 보인다. 또한 끼니를 챙기는 일은 대단한 것처럼 보이지는 않는, 아주 자잘한 과업의 연속이다. (구매-보관-가공-조리-서빙-설거지-청소-쓰레기 배출 등등) 하나의 끼니를 위한 전후 과정은 오래 걸리지만, 식사는 또 단숨에 마치지 않는가. 확실히 성취감을 느끼기 쉽지 않다.

다른 하나는 퇴근이 없다는 것이다. 밖에서 일하는 경우, 자연스럽게 집에 오면 휴식 모드로 전환하게 된다. 어떤 일은 집에 와서도 계속 생각나고 머리를 맴돌아 스트레스를 주기도 하지만, 기본적으로 퇴근을 하면 물리적 공간이 달라지기 때문에 일과 휴식을 분리하는 데 더 수월하다. 반면 주부는 일터와 휴식 공간이 같기 때문에, 하지 않은 일이 계속 보이고 신경 쓰인다. 일과 휴식이 확실하게 분리되지 않는 것 역시 전업주부 생활의 특징이라고 할 수 있는데, 완전한 회복의 시간을 충분히 확보할 수 있도록 하는 것이 주부의 정신적·육체적 건강관리에는 꼭 필요하다.

전업주부를 경험해보지 않은 분들(주로 남편)에게 팁을 하나 드리자면, 물걸레 청소나 빨래 널기 등 하나의 과업을 마치고 났을 때 '고생하셨어요!'라는 코멘트를 하거나 가벼운 안마를 10초라도 해주는 것이 부부 사이에서 '고득점'의 방법이 될 수 있다. 성취감을 느끼기 어려운 일을 하는 전업주부가 보람을 느끼고 할 일을 마치고 난 뒤 마침표를 찍는 느낌을 느끼게 해줄 수 있기 때문이다. 별것 아니라고 생각할 수 있지만 해보면 그 효과를 느낄 수 있다.

적절한 분업과 외주화

가사 노동은 생각보다 쉽지 않다. 가사 노동에도 신체적 특성에 따른 유불리가 존재하는데 이를 잘 고려하면 좋다. '설거지는 누구, 빨래는 누구'와 같은 식으로 분업을 하는 것도 한 방법이지만 개인적으로는 그 속에서도 강점과 약점을 고려하여 보다 세분화하는 것을 추천한다. 적성을 고려하면 우선 기분 좋게 할 수 있어서 좋다. 누구는 못질을 잘 하고 누구는 기름때를 상대적으로 더 잘 제거한다. 가사 노동을 열심히 분담할 마음이 있더라도 그것에 익숙하지 않은 사람은 선뜻 몸이 움직여지지 않는다. (내가 그랬다) 그런 배우자에게 아직 익숙하지 못한 과업을 갑자기 많이 요구하면 흥미를 잃고 오히려 비협조적인 태도를 보일 수 있다. 심지어 갈등이 생길 수 있다. (이 역시 경험담이다) 그보다는 조금이라도 잘 할 수 있고 성취감을 느낄 수 있는 일을 조금씩 먼저 맡겨보자.

분업이란 단어에게는 특화라는 짝꿍이 있다는 것을 기억하자. 분업을 통해 숙달이 이루어지면 잘하는 것이 생긴다. 숙달은 가사 노동의 효율을 높여줄 것이고 장기적으로는 관계의 돈독함을 높여줄 것이다. 못한 것보다는 잘한 것에 대해 이야기할 때 신뢰가 쌓인다.

외주화, 즉 아웃소싱을 잘 활용하는 것도 도움이 된다. 외주라고 하니 사람을 고용하는 것으로 생각될 수 있는데 비단 사람만을 말하는 게 아니다. 세탁기나 식기세척기를 장만하거나 이용하는 것도 포함되지만 비용이 들기 때문에 이 또한 쉽지 않다. 장비를 마련하는 것은 적잖은 비용이 수반되기 때문에 고민을 많이 하게 되고 지를지 말지 검색만 하다가 결국 시간만 낭비하는 경우가 많다. (근검절약하는 사람일수록 더욱 그렇다)

그래서 제안하는 것이 바로 '부분적 외주화'이다. 일의 전반을 완전히 외부에 맡기면 비용이 상당해지므로 내가 직접 수행하는 것이 가장 어렵고 수고로운 단계만 외부에서 해결하는 것이다. 그렇게 하면 고민의 시간도 줄어들고 비용 부담도 한껏 줄어든다. 한정된 자원을 최적의 방법으로 쓰는 것이다.

핵심은 돈, 시간, 체력이라는 한정된 자원을 최대한 효율적으로 쓰는 것이다. 약간의 품을 들여 지출을 줄일 수 있거나, 약간의 비용을 들여 체력을 크게 아낄 수 있다면 과감하게 그것을 택하라. 가사 노동은 상당수의 경우 시간과 체력의 투입을 필요로 한다. 시간이 부족하고 체력이 달리면 사소한 일에도 짜증이 나고 마음의 여유가 줄어든다. 부분적 외주화를 통해 시간과 체력을 아껴 영화 감상 등 부부가 같이 재미를 느낄 만한 활동을 같이 하거나 자기계발을 하는 것이 훨씬 생산적이다.

어머니, 당신은 대체 어떤 삶을 살아내신 건가요

전업주부로 살아보면서 나는 우리 엄마가 어떤 삶을 살았는지를 조금이나마 넘겨짚을 수 있었다. 우리 가족은 내가 초등학생 3학년이 될 때까지 외조부모님과 부모님, 그리고 누나와 함께 6명으로 구성된 확대가족이었다. 아침 일찍 일어나 찬송가를 부르고 신문과 시사잡지를 읽기 시작하시는 외할아버지, 출근길의 아버지, 학교 가는 누나 그리고 내가 집을 나서는 시각이 각각 달라서 엄마는 아침밥만 여러 번을 차려야 했다. 한

꺼번에 먹으라고 해도 되었을 텐데 밤늦게까지 일하고 지쳐 잠든 아버지, 아침잠이 많은 자녀들이 조금이라도 더 잘 수 있게 하고 싶어서 그랬다고 하셨다.

외출할 사람들이 모두 나가고 나면 엄마는 식기세척기도 없는 부엌에서 설거지 대잔치를 벌였다. 그릇들과 한바탕 씨름을 하고 나면 빨래를 하고 점심을 차렸다. 황혼의 갈등을 겪고 계신 외할아버지와 외할머니의 점심도 따로 차려야 했다. 빨래를 다 하고 나면 접이식 건조대 두 개를 펼쳐 바람에 잘 마르도록 옷을 널었고 시장에 가서 장을 보고 와서 학교에서 돌아온 누나와 나를 챙겼다.

그러면 이제 저녁 준비가 시작된다. 장 보고 온 것들을 정리하고 재료를 준비해서 조리를 하고 식기에 담아 세팅하는 것까지, 그러나 이는 식사 전 단계에 불과하다. 식사를 하고 나면 다시 설거지를 해야 한다. 피곤하다고 설거지를 미뤘다간 엄마의 다음날은 싱크대에 잔뜩 쌓여 있는 설거지로 시작된다.

이러한 엄마의 하루에서 잔병치레가 많았던 누나와 나, 늙어가는 외조부모님을 돌보기 위해 병원이나 약국에 다녀오는 잔일과 청소는 언급조차 하지 않았다. 해 뜨면 식구들의 끼니를 챙겨주고 해 지면 설거지와 청소를 하는, TV 드라마 한 편 보는 것 외에는 낙이라고 할 만한 것을 찾기 힘든 스케줄을 매일 십수 년 소화한 것이다. 재미라고는 찾아보기 힘든 이 생활에, 사춘기를 겪으며 예민하게 굴고 공부하는 것이 벼슬이라도 되는 것처럼 행동하는 철없는 자녀의 투정을 다 받아주었다니…… 어머니! 당신은 대체 어떤 삶을 살아내신 겁니까. 이렇게 지루하고 힘든 하루하루의 반복을 어떻게 견뎌내신 것인지. 엄마에게 힘들지 않았냐고, 너무 힘들고 참 재미없었을 것 같다고 여쭤봤더니 엄마는 '너 덕분에 재미있었다'고 답해주셨다.

직장을 다니고 경제활동을 하게 되면서 아버지를 아주 조금 이해하게 되었다, 힘든 게 있어도 가족을 위해 참고 버티신 날들을 그려볼 수 있었다. 그리고 전업주부 생활을 해보면서 비로소 어머니의 헌신을 조금이나마 이해할 수 있게 되었다. 아마 주부 생활을 해보지 않았다면 평생 몰랐을 것 같다. 어려서 당연한 것처럼 누리던 것들이 사실은 부모님의 자기희생과 헌신 덕분이라는 것을 서른이 지나고서야 알았다. 소설책과 영화 속 주인공에게는 쉽게 공감하고 눈물을 흘렸지만 부모님의 하루하루가 어땠는지는 궁금해하지도 않았고 알지도 못했던 것이다.

누군가 나에게 전업주부로 지낸 시간은 어떤 시간이었냐고 물어본다면, '부모님이 주신 사랑이 얼마나 큰 것인지를 뒤늦게 깨닫게 된 시간'이라고 나는 답할 것이다.

변화를 감지하기 위한 세 가지

주부로서 날마다 비슷한 생활을 하다보니 뭔가 불만족스러웠다. 불만족스러운 이유가 뭘까 한참 생각하다가 변화 때문이라고 결론지었다. 직장인에서 주부로 지위가 바뀌어서가 아니라, 삶에 아무런 변화가 없는 것 같아서. 삶이 정체되고 멈춰버린 것 같아 그것이 불만족스러운 것이었다. 그러던 중 몇 가지 사건들을 통해 우리가 변화를 어떻게 느낄 수 있는지, 변화를 잘 감지하기 위해 무엇이 필요한지에 대해 깨달은 바가 있다. 꾸준함과 여유, 그리고 경계의 넘나듦이 필요하다는 것이 나의 결론이다.

1) 꾸준함

휠러 공원에서 작은 에피소드가 있었다. 휠러 공원은 우리 부부가 장을 보고 오거나 산책을 할 때 지나가는 경로에 있는 아주 작은 근린공원이다. 어슬렁거리며 산책을 하던 나는 이웃집의 어떤 할머니가 늘 비슷한 시간대에 풍경의 일부처럼 공원에 앉아 계신다는 것을 깨달았다. 나는 내가 매일 똑같은 생활을 해서 지루하다는 이야기와 함께, 할머니에게 매일 비슷한 시간에 나오시는 이유를 여쭈었다. 할머니는 이렇게 말씀해주셨다.

'젊었을 때에는 규칙적인 생활을 지루하게 여기고 매일 색 다른 걸 찾지만 정작 매번 다른 것을 경험하면 무엇이 본질적인 차이인지 모르고 변화에 둔감해진다. 나이가 먹고 똑같은 시간에 규칙적으로 공원에 나와보니 날마다 미묘한 계절의 변화와 시간의 질감을 느낄 수 있어 재미있다. 그러니 지금의 반복적이고 규칙적인 생활을 족쇄처럼 여기지 말고 즐겨보라.'

할머니와의 대화 후 나는 일상생활 속에서 작은 변화를 느끼기 시작했다. 그리고 우리가 작은 변화를 어떻게 알아차리는지에 대한 하나의 깨달음을 얻었다. 지루하리만치 꾸준한 루틴의 반복, 연습, 업무수행. 그것에서 작은 차이와 변화를 감지하는 능력이 생긴다. 체육을 전공하여 국가대표 농구 선수들과 훈련을 종종 같이 해본 친구가 내게 "걔네 훈련 별거 없어. 똑같은 기본기 훈련을 아주 조금씩 바꿔가면서 해. 그거 말고는 맨날 똑같아. 그걸 매일 하는 게 힘든 거지"라고 한 말이 생각났다. 그러고보니 매일 시장 구경을 하는 나는, 식료품 가게에서 과일 가격이 조금만 달라져도 귀신같이 알아차리지만 가끔 시장에 가는 아내는 같은 가격표를 보고도 눈치채지 못했다. 별거 아닌 것도 꾸준하게 하면 뭔가 다른 게 생기는 것 같다.

변화란 무언가 달라지는 것이다. 전후의 미묘한 차이를 발견하기 위해서는 어떠한 기준이 있어야 하고 이를 위해 생활이든 업무처리든 무언가를 꾸준하게 하는 것이 도움이 된다. 전후 비교의 기준이 생기기 때문이다. 휠러 공원에서의 우연한 만남은, 변화에 민감해지기 위해 필요한 '꾸준함'의 가치를 내게 일깨워준 의미 있는 사건이었다.

2) 여유

변화와 차이를 잘 포착하기 위해서는 여유도 필요하다. 시간에 쫓기고 마음이 급할 때 잘못된 결정을 내리는 경우가 많지 않은가. 그리고 잘못된 결정은 전과 다른 새로운 문제상황을 충분히 검토하지 못하기 때문에 발생한다. 회사에서도, 인생에서도 마음이 급한 상황에서 우리는 중요한 것을 놓친다.

하버드 비즈니스스쿨에서 강의하는 교수이자 연기자인 애슐리 윌런스Ashely Whillans는 많은 사람들이 겪는 시간 빈곤에 대해 연구하고, 이 문제를 해결하기 위한 방법을 다양하게 제시한다. 2019년 1월《하버드 비즈니스 리뷰》에 실린 글에서 그녀는 여러 방법을 제시하는데 그 중 '남는 시간에 쉬지 말고 쉬는 시간을 따로 계획하라'는 내용이 인상적이었다. 그럴 시간이 없다는 말이 턱 끝까지 차오르지만 그걸 해내야 한다. 한 숨 돌리고 아주 잠깐이나마 여유를 누려보면 그때마다 '진작에 그럴걸'이라는 생각이 든다. 잠깐의 여유는 건강과 인간관계, 중요한 의사결정에 보약 같은 존재이다.

급한 일이 있을 때, 여유를 갖지 못하고 급하게 움직일 때, 우리 부부는 〈여유있게 걷게 친구Walk a Little Slower My Friend〉라는 노래를 듣는다. 이 노래를 듣고 나면 마음이 차분해지고 내적 평화를 얻게 된다. 가사를 다음과 같이 소개한다.

여유있게 걷게 친구
그 길을 따라서 걸어갈 때
내일 일어날 일들을 걱정하지 마요
오늘로 충분하니까

여유있게 걸어가며
사람들의 말 들어보아요
꿈보다 더 큰 삶에서 뜻을 찾아봐요
우리의 모습을 찾아요 날마다

매일 아침 떠오르는 저 태양
바라보며 새 날을 감사해요
시간따라 찾아봐요
혼자서 할 수 있는 일을

생각해요 친구
그 일들을 놓치지 마세요
기회를 잡아요 인생이란 만드는 것

시작해요 날마다 신나게

기회올 때 새롭게 시작해봐

믿고 하면 꼭 승리할 수 있어

높은 야망 하늘까지

열성 다해서 꼭 이루세요

생각해봐 친구

그 일들을 놓치지 마세요

기회를 잡아요 인생이란 만드는 것

시작해봐 날마다 신나게

새로운 삶 날마다

3) 경계의 넘나듦

문제의 본질을 파악하고 환경변화를 잘 감지하는 사람이 되기 위한 마지막 제안은 종종 경계를 넘나드는 것이다. 어떤 경계선 안에 있는 사람은 그 작은 세계에서 일어나는 현상에 의문을 품기가 대단히 어렵다. 그리고 당연한 것으로 여겨지는 절차나 관행이 성공을 돕는 요인인지 아니면 저해하는 요인인지 평가해본다는 생각조차 하기 어렵다. 그래서 혁신이란 이름하에 진행되는 일련의 과정이 오히려 성공의 요인을 없애고 실패의 요인은 고수하는 방향으로 이루어지기도 한다.

몇 달 전 퇴사하여 글로벌 기업으로 이직한 친구가 해준 재미있는 이야기가 있다. 자신이 속해 있던 기업 A사에서는 늘 상품 판매 인력이 부족한 게 고민이고, 그래서 다른 부서의 인력을 줄여서라도 판촉 인력을 높이려고 했다고 한다. 그런데 퇴사하고 보니, A사의 모든 고객들은 A사가 직접 판매 원칙을 고수하는 것이 불만이었다고 한다. 고객들은 위탁판매 채널을 다양화해서 편하게 구매하기를 원했는데, 아이러니하게도 A사에서는 자사의 경쟁력을 직접 판매를 통한 고객 만족에서 찾았다고 한다.

왜 이런 일이 생기는 걸까? A사 내부에서는 '아웃소싱하지 않고 고객과 접촉하여 고객과 직접 교감하는 것'이야말로 자사의 경쟁력이라는 컨센서스가 형성되어 있었다고 한다. 어떠한 경계 안에 있으면 이처럼 객관적인 진단을 내리기 어렵다. 남들은 다 아는데.

이 문제를 해결하는 데 '경계를 넘나들기'가 좋은 솔루션이 될 것 같다. 내부자의 시각에서는 보이지 않는 것이 낯선 관찰자의 시각에서 보면 보인다. 자발적으로 이런 상황을 만드는 것은 대단히 어렵다. 그렇기 때문에 낯선 환경에 놓이는 방법으로 자신의 주된 생활반경이나 소속된 조직의 경계 밖에서, 낯선 관찰자의 시각에서 상황을 바라보는 것을 제시하는 것이다.

하다못해 회사에서 의전 업무를 수행할 때에도, 최종 점검을 위해 내빈의 동선으로 회사에 들어오다 보면, 매일 있으면서도 알지 못했던 '동선의 효율을 방해하는 위치에 놓인 화분'이 보인다. 아내의 하버드 친구들을 한국에 초대하여 투어를 시켜주었을 때, 외국인의 시선으로 보았을 때 진짜 한국의 매력 포인트를 깨달았다. 그전까지는 매일 지나가면서도 몰랐던 매력을 말이다.

주부로 살아보기 전에는 주부가 어떤 직업인지 어떤 고충이 있는지 몰랐다. 외국인으로 외국에서 살기 전에는 외국인의 고충이나 한국의 장단점을 잘 몰랐다. 이제는 이해할 수 있다. 경계를 넘나들어 보니 더 넓은 세상이 있고 더 다양한 가능성이 있다는 것을 알았다.

나 자신 또는 내가 속해 있는 조직이 그려둔 경계선 안에 있을 때에는 내가 뭘 잘하는지, 무엇을 보강해야 하는지 알기 어렵다. 또 다른 세계가 있다는 것조차 알기 어렵다. 그러므로 자주는 아니더라도 종종 경계를 넘나들자. 도전적인 일이 될 수 있지만, 한번 시도해보자. 조금 낯설더라도 나에게 좋은 것이 있을 수 있으니, 일단 한번 만나보기만이라도 하자. 혹시 아는가? 내가 그토록 찾고 있던, 나에게 딱 맞는 옷이 문밖에 있을지.

하버드 전업주부의 미국 견문록 3

✦

미국의 시작 보스턴, 보스턴의 변신은 무죄

하버드대학교의 정확한 행정 주소는 케임브리지에 있지만, 지역적 정체성은 보스턴과 함께 한다. 보스턴은 미국 역사에서 아주 중요한 도시다. 1773년 12월 16일 저녁, 인디언 복장을 한 매사추세츠 식민지의 주민 100여 명이 동인도 회사의 무역선에 있던 차 상자를 바다에 던져버리는 사건이 발생했다. 미국 독립전쟁의 불씨를 지핀 이 사건이 보스턴 항구에서 발생했는데 이를 '보스턴 차 사건'이라 한다.

미국을 태동시킨 역사적 도시 보스턴은 산업도 발달했

다. 금융과 교육, 출판인쇄업과 관광업이 발달하였다. 유명 글로벌 기업의 고향으로도 유명하다. 세계 3대 컨설팅업체 중 보스턴컨설팅그룹과 베인앤컴퍼니가 보스턴에서 탄생했고 던킨도너츠와 질레트도 보스턴에서 역사를 시작했다. 미국에서 최초로 지하철이 생긴 곳도 보스턴이다.

유구한 역사를 자랑하는 보스턴이지만 미국 전역이 골고루 발달하면서 다른 도시에 여러 주도권을 빼앗기기도 했다. 정치와 행정은 워싱턴 D.C.가, 금융은 월스트리트가 있는 뉴욕과 시카고가 가져가는 식이다. 실리콘밸리가 혁신의 요람으로 인식되면서 점잖은 노신사 같은 도시 보스턴의 매력과 인기는 저물어가는 것 같았다.

보스턴도 가만히만 있지 않았다. 보스턴은 도심 지역의 교통혼잡과 교통사고 문제를 해결하기 위해 역사에 남을 인프라 프로젝트를 감행한다. 낡고 보기 흉한 도로를 지하도로로 대체하는 빅 딕Big Dig 프로젝트가 그것이다. 1980년대에 설계가 시작된 이 프로젝트는 2007년에 공식 완료되었으며 보스턴의 공간구조를 전면적으로 바꾸어 놓았다.

뿐만아니라 보스턴은 제약바이오 산업이라는 새로운 먹거리를 찾아내는 데 성공했다. MIT 동쪽에 위치한 켄달 스퀘어 지역은 '보스턴 바이오 생태계'라고도 불리는데, 1,000여 개의 바이오 테크 기업들과 연구소가 있다. 정보기술(IT)의 중심지가 실리콘밸리라면 생명과학기술(BT)의 중심지는 켄달스퀘어이다. '지구상에서 가장 혁신적인 평방 마일'로 불리는 이곳에 코로나 백신을 개발한 모더나 본사가 위치하고 있다.

보스턴은 미국에서 가장 오래된 도시이지만 첨단산업의 미래를 이끌고 있다. 클래식과 최첨단이 공존하는 보스턴의 변신은 도시가 어떻게 생존하고 발전할 수 있는지를 보여준다. 그리고 시대와 환경의 변화에 따라 새롭게 거듭나고자 하는 사람들에게도 많은 시사점을 준다.

움직일 수 없는 도시도 이렇게 변화한다. 우리의 일상과 삶에도 한 번 변화를 주는 것은 어떨까? 우리에게 생생한 사례로 가르침을 준 보스턴. 보스턴의 변신은 무죄다.

다시, 성장의 시간

자산 중심에서 자신 중심의 시간으로

전 세계에 코로나19가 창궐하고 그로 인한 경기침체가 우려되어 각국의 중앙은행은 많은 돈을 풀었다. 지난 몇 년 사이 넘치는 유동성으로 인해 자산 가격이 요동쳤고 몇몇은 큰 수익을 얻어 부자가 되었다. 사람들에게 회자되는 성공한 이야기와는 정반대로, 오히려 뭔가를 잃은 사람들도 많다. 뭔지도 모른 채 광풍에 휩쓸렸다가 돈을 크게 잃었다거나, 생활패턴이 망가지고 삶의 방향을 잃은 사람들, 인생의 스케줄이 꼬여 다른 기회를 놓친 사람들도 있다.

그렇다면 이제 어떻게 해야 할까? 답은 자명하다. 스스로에게 투자해야 한다. 그것은 작은 생활 습관의 개선이 될 수도,

못다 한 공부가 될 수도 있다. 건강해지기 위해 악착같이 운동하는 것일 수도 있다.

자산asset 중심이 아닌 자신myself 중심의 삶을 살아야 한다. 조만간 급등할 자산이 무엇인지는 알기 어렵다. 자산시장은 불확실성이 크다. 반면, 우리가 삶을 살아가는 데 우리의 몸과 마음을 갖고 계속 살아갈 것이라는 점은 확실하다. 내가 가진 것이 내 인생에 도움을 줄 수는 있지만, 결국 인생은 내가 가진 것이 아니라 내가 살아가는 것이다. 내가 가진 것과 가지지 못한 것들에 지배되기보다는, 내가 중심이 되는 삶을 살아야 한다.

이 책에서 강조한 도전 정신 등의 필수 기본기와 자기관리 방법 등은 거창한 성취를 위한 것만은 아니다. 되고 싶은 내가 되는 데 필요한 것이다. 이웃에게 친절하게 대해주며 활짝 웃는 모습, 몸에 배어 있는 매너와 원하는 수준의 직업적 성취. 훗날 은퇴하고 온전히 내 시간이 생겼을 때 어쩔 줄 몰라 하지 않고 하루하루를 행복하게 즐길 수 있는 나만의 취향, 작은 것에 감사하고 내 인생의 페이지들을 넉넉한 마음으로 넘길 줄 아는 여유로운 태도…….

이런 것들은 단시일 내에 길러지지 않는다. '진정으로 내가 되고 싶은 나'의 모습으로 거듭나기 위해서는 성장을 위한 시간이 필요하다. 다른 어떤 것보다 나에게 먼저 투자하여 진정한 나로 거듭나는 시간, 다시, 성장의 시간을 만들어보자.

그걸 3으로 나눠! 늦지 않은 오후 4시 반

하버드에서 만난 뛰어난 친구들을 보며, 부럽기도 하고 한 편으로는 내가 많이 뒤처진 것처럼 느껴지기도 했다. 나와 비슷한 또래인데 상당한 성취를 이루고 벌써 한 단계 도약하기 위해 이곳에 왔구나, 나는 꽤 오랜 시간 시행착오만 겪은 것 같은데 하는 생각도 들었다. 나는, 이미 늦은 걸까?

하버드대학교에서 문화교류 기회를 통해 만난 학부생 노라의 집에 초대받았을 때의 이야기가 답이 될 것 같다. 점심을 먹은 뒤 아내와 노라, 노라의 어머니까지 여성들끼리 즐거운 이야기를 하자, 노라의 아버님과 나는 거실로 가서 이런저런 대화를 나누었다. 20대 초반이면 직장생활을 시작하는 이 동네 친구들과 달리 군대도 다녀오고 여러 가지 시행착오를 겪어 30대가 되어서야 취업했다는 이야기를 들으시더니, 한 가지 재미있는 이야기를 해주셨다.

"자네 지금 나이가 몇인가? 그걸 3으로 나누게. 그렇게 해서 나오는 숫자를 시간으로 생각해보게나. 나이가 30이면 오전 10시가 되겠지? 인생을 하루라고 생각해보게, 어떤가. 뭔가를 시작하거나 이루기에 많이 늦은 때라고 생각하는가?"

흥미로운 접근방법이었다. 이렇게 접근하니 뭔가를 도전하기에 전혀 늦은 것 같지 않았다. 어차피 나는 아침형 인간이 아니라서 아침에는 컨디션이 아직 올라오지 않잖아? 그렇다면 지나간 시간 때문에 후회하거나 초조할 일이 없다. 전혀 늦지 않은 것이다.

노라의 아버님으로부터 좋은 가르침을 얻고, 노라의 가족과 즐거운 식사 시간을 보내고 자리를 파할 때, 여쭤볼까 말까 고민하던 나는 현관문 앞에서 질문을 했다.

"기대수명이 점점 증가하고 있는데, 아까 말씀해주신 방법은 72세 이상 되시는 분은 활용하기가 어렵겠는데요?"

노라의 아버님이 답했다.

"아니지, 그때가 되면 새로운 하루가 펼쳐지는 거야. 어제와는 완전히 다른 멋진 날이 기다리고 있겠지?"

그렇다. 늦지 않았다. 더 나아지고 멋진 내가 되는 데 늦은 때는 없다. 새벽이 아니어도 된다. 이른 아침이 아니어도 좋다. 햇빛이 가장 뜨거운 정오를 지나쳤더라도 괜찮다. 오히려 그늘도 있고 좋지 않은가. 어떤 사람들은 오후에, 어떤 사람들은 해가 저물 때에 더 빛나는 순간을 만들어내기도 한다.

노라네 가족과 헤어지고 집으로 돌아온 시각은 오후 4시 반이었다. 학교 수업이 끝나고 진짜 공부가 시작되는 시간, 잠시 멈추고 나를 돌아보고 격려할 수 있는 시간. 주체적으로 내가 뭔가 새로 시작해볼 수 있는, 그런 시간이다.

하버드의 오후 4시 반은, 열정과 성실로 채워가는 하루의 중간이면서, 잠시 멈추고 스스로를 돌아보는 시간이다. 그래서 진정한 내가 되는 시간의 시작이다. 당신이 마주한 오후 4시 반, 어떤 멋진 일이 시작될까? 나도 무척 기대된다.

하버드 오후 4시 반

초판 발행 · 2023년 3월 22일

지은이 · 양윤정, 이승우
발행인 · 이종원
발행처 · (주) 도서출판 길벗
브랜드 · 더퀘스트
주소 · 서울시 마포구 월드컵로 10길 56 (서교동)
대표전화 · 02) 332-0931 | **팩스** · 02) 322-0586
출판사 등록일 · 1990년 12월 24일
홈페이지 · www.gilbut.co.kr | **이메일** · gilbut@gilbut.co.kr

기획 및 편집 · 허윤정(rosebud@gilbut.co.kr) | **제작** · 이준호, 손일순, 이진혁
마케팅 · 한준희, 김선영, 이지현, 류효정 | **영업관리** · 김명자 | **독자지원** · 윤정아

디자인 · studio forb | **CTP 출력 및 인쇄** · 금강인쇄 | **제본** · 금강제본

ISBN 979-11-407-0358-6 03190
(길벗 도서번호 040212)

정가 17,500원

독자의 1초까지 아껴주는 길벗출판사

(주)도서출판 길벗 | IT교육서, IT단행본, 경제경영서, 어학&실용서, 인문교양서, 자녀교육서 www.gilbut.co.kr
길벗스쿨 | 국어학습, 수학학습, 어린이교양, 주니어 어학학습, 학습단행본 www.gilbutschool.co.kr